Comment déborder d'énergie

Couverture
- Maquette et illustration:
  MICHEL BÉRARD

Maquette intérieure
- Conception graphique:
  GAÉTAN FORCILLO
- Assistante à l'édition:
  LISE PARENT

DISTRIBUTEURS EXCLUSIFS:

- Pour le Canada:
  AGENCE DE DISTRIBUTION POPULAIRE INC.*
  955, rue Amherst, Montréal H2L 3K4 (tél.: 514-523-1182)
  *Filiale de Sogides Ltée

- Pour la France et l'Afrique:
  INTER-FORUM
  13, rue de la Glacière, 75013 Paris (tél.: 570-1180)

- Pour la Belgique, la Suisse, le Portugal, les pays de l'Est:
  S.A. VANDER
  Avenue des Volontaires 321, 1150 Bruxelles (tél.: 02-762-0662)

Jean-Paul Simard

Comment déborder d'énergie

Centre interdisciplinaire de Montréal Inc.

5055, avenue Gatineau Montréal H3V 1E4 (514) 735-6595

Les Éditions de l'Homme*

CANADA: 955, rue Amherst, Montréal H2L 3K4

*Division de Sogides Ltée

Bibliothèque nationale du Québec
Dépôt légal — 1er trimestre 1980

ISBN 2-7619-0059-6

À ma femme BRIGITTE
infirmière

Introduction

Un virage vers la santé

"Le sens de la vie, c'est de vivre".
— Henri LEFEBVRE

J'ai eu l'idée d'écrire ce livre à l'époque où mon beau-père est décédé. J'admirais cet homme de grande valeur, d'une volonté de fer, qui n'avait jamais ménagé sa peine. Il travailla toute sa vie dans l'espoir de se reposer et de voyager à sa retraite. Or, le jour venu, il est mort, complètement usé. Il n'aurait pu faire un pas de plus; la source d'énergie s'était complètement tarie.

Cette situation dramatique se retrouve à divers degrés dans la vie. Sans aller jusqu'à la mort, combien de gens sont toujours fatigués, abattus et végètent au lieu de vivre. Ils paient très cher ce qu'ils obtiennent de la vie. Engagés dans un déséquilibre permanent, ils gaspillent leurs forces et négligent de les reconstituer. Pour rester physiquement et moralement en forme, il faut *consacrer autant de temps et de réflexion au budget des forces nerveuses et psychiques qu'à celui des dépenses familiales.* Aussi est-il important de se ménager de temps en temps des périodes d'arrêt et de réflexion pour évaluer et programmer ses réserves énergétiques. C'est l'objectif que poursuit ce livre.

Il se présente à toi, lecteur, comme un MESSAGE, un appel à la réflexion sur tes habitudes de vie. Un avertissement aussi. Comme un mage sur ta route, il veut te guider, te faire réfléchir sur cette réalité importante de la santé et te donner les moyens de transformer ta vie. L'instinct ou le hasard qui t'a poussé à prendre ce livre est déjà pour toi un premier pas sur la voie de la santé et du bonheur.

L'idéal qu'il te propose est à ta portée. L'homme, dit-on, devrait mourir en santé, comme la chandelle qui se consume en éclairant jusqu'à la fin avec la même intensité. Vivre longtemps en pleine possession de ses moyens physiques et intellectuels est virtuellement possible. Allonger de quelques années une vie heureuse sans risquer d'arriver au terme de sa carrière complètement miné physiquement et mentalement, envisager sa retraite comme un second début, voilà pour l'homme de précieux stimulants.

Un poète ancien, Horace, adressait au dieu Apollon cette prière: *"Accorde-moi, fils de Latone, de jouir des biens que j'ai acquis avec une santé robuste et, je t'en prie, avec toutes mes facultés intellectuelles; fais que ma vieillesse ne soit pas honteuse et puisse encore toucher la lyre"* (Odes, 1, 31, 17).

Chapitre I

Capital santé

*"Le mépris de notre être est la
plus sauvage des maladies".*

MONTAIGNE

*"La longévité n'est désirable
que si elle prolonge la jeunesse
et non pas la vieillesse".*

Alexis CARREL

Comment va la santé?

C'est devenu une tradition, presqu'un réflexe de demander à quelqu'un qu'on n'a pas vu depuis un certain temps: "Comment va la santé?" Réalise-t-on à ce moment que l'on pose la question la plus importante qui soit? En effet, quand on a la santé, tout va. Avec elle on retrouve tous les biens: celui de la beauté, de la jeunesse, de l'action et de la joie de vivre. Qui d'entre nous ne connaît pas de ces gens qui, malgré leur âge, regorgent de dynamisme et de bonne humeur? Quel contraste avec ceux dont le visage est marqué par le stress et le vieillissement prématuré!

La santé comporte de nombreux avantages. La personne qui en est pourvue résiste mieux à la maladie et peut affronter plus efficacement les soucis et les épreuves morales; la santé permet d'attaquer avec vigueur les travaux quotidiens. *Elle est une partie essentielle du bonheur.* Voilà pourquoi elle peut être proclamée comme le bien le plus précieux après celui de la vie. "Il n'y a pas de richesse préférable à la santé", enseigne la sagesse biblique (Eccl XXX, 16). Aussi *la santé devrait-elle figurer au centre des préoccupations de l'Homme.*

Or, combien affichent une attitude incompréhensible. Ils attachent plus d'importance à leur maison, à leur auto, à une transaction qu'à leur santé. Ils se démènent, se plaignent des exigences de la vie, mais négligent les précautions ordinaires pour veiller à leur corps. Parvenus à l'âge mûr, ils déplorent la perte de leur jeunesse et ne trouvent aucune compensation.

Chacun est responsable de sa santé

Il vaut mieux s'occuper de sa santé que de sa maladie

Trop souvent les gens s'occupent de leur santé quand ils sont malades ou impotents. Ils confient alors au médecin le soin de les guérir. Bon gré mal gré, ils se retrouvent plusieurs fois dans leur vie, soit à l'hôpital, soit au cabinet du médecin. Yvan Illich, le grand pourfendeur de mythes, décrit dans *Némésis médical* les liens qui unissent le patient au médecin comme dans une belle histoire d'amour. L'homme contemporain naît à l'hôpital et y meurt. C'est au cabinet du médecin qu'il se réfugie chaque fois qu'une douleur l'assaille. L'omniprésence du médecin, du berceau à la tombe, est une des principales manifestations de l'aliénation et de la morbidité de l'homme contemporain.

Si les grandes maladies de dégénérescence (cancer et troubles cardiaques) sont suscitées par la pollution, le stress urbain, une nutrition déficiente ou une suralimentation, on comprendra que c'est bien plus en rendant l'individu responsable qu'en misant sur la médecine qu'on les fera régresser. Le docteur Alexis Carrel écrit dans *L'Homme cet inconnu:* "Le progrès de la médecine ne viendra pas de la construction d'hôpitaux meilleurs et plus grands, de meilleures et plus grandes usines de produits pharmaceutiques, mais bien du maintien de l'intégrité du corps." [1]

---

1. Alexis Carrel, *L'Homme cet inconnu,*, Plon, Paris, 1971, pp. 429-430.

C'est ici que le vieil adage *Mieux vaut prévenir que guérir,* prend tout son sens. La prophylaxie, du reste, ne date pas d'aujourd'hui. En 1884, Pasteur écrivait: "Quand je médite sur une maladie, je ne m'arrête pas au remède qui pourrait la guérir, mais plutôt au moyen de la prévenir". Plus près de nous, au 20e siècle, le célèbre docteur William Mayo est allé jusqu'à proposer que les médecins s'efforcent de faire en sorte qu'on n'ait plus besoin d'eux. "L'objet de la médecine, écrivait-il, est de prévenir la maladie et de prolonger la vie. L'idéal de la médecine est donc d'éliminer la nécessité de recourir au médecin."

Ces témoignages indiquent l'une des orientations majeures que devrait prendre la médecine: la prévention. Des agents éducateurs formés à cette fin, des médecins-hygiénistes, devraient être affectés au travail de sensibilisation de la population en insistant sur la responsabilité individuelle de la santé. On sait bien cependant que cette réalité n'est pas pour aujourd'hui. La raison? Il est encore beaucoup trop avantageux, pour le médecin qui vit dans le système lucratif de la santé, d'être payé à l'acte médical.

La crise de la médecine

Si l'on en juge par les salaires versés aux administrateurs et aux professionnels de la santé, il ne fait aucun doute que la maladie est une entreprise éminemment rentable. Le citoyen, grand bailleur de fonds, souscrit aveuglément au régime, sans trop se poser de questions. Il est même si généreux que la santé coûte 20% plus cher dans la Belle Province qu'en Ontario.

Pourtant l'efficacité de la médecine est de plus en plus mise en doute. Yanick Villedieu, analysant le problème de la santé au Québec, évoque la crise "sociale" de la médecine qui se traduit par une perte de confiance dans la médecine et la profession médicale. Il écrit: "La population a soudain découvert, surprise et étonnée, que la toute-puissante médecine n'avait pas réponse à tout en matière de maladie — et à plus forte raison en matière de santé. Que les victoires qu'elle se plaisait à claironner n'étaient souvent que de fausses victoires, remportées par d'autres qu'elle. Que son impuissance était par contre bien réelle face aux problèmes de santé les plus répandus dans nos sociétés de vitesse et d'hyper-consommation. Incapable en effet d'endiguer les ravages croissants des maladies de civilisation — cancers, troubles cardio-vasculaires, accidents —, la médecine se cantonne dans un rôle pas très glorieux de garagiste, de réparatrice de pots cassés, de ramasseuse de morceaux." [2]

Cela ne veut pas dire évidemment qu'il faille toujours se passer des services d'un professionnel de la santé pour rester sain. Ce qu'il faut éviter à tout prix, c'est cette attitude qui pousse chacun à attendre du médecin et du gouvernement le soulagement de sa douleur, ou même la guérison, au détriment de l'effort personnel vers la santé. La santé a ses règles, ses lois, ses impératifs. Quand on fait fi de la nature, la nature se venge. S'il est vrai que l'homme est un animal doué d'organes délicats et compliqués, exposés à se détraquer, c'est aussi un animal raisonnable capable, par son intelligence, de concevoir des idées et de les employer à assurer le bon fonctionnement de son organisme. Il peut donc assumer pleinement, sinon complètement, la responsabilité de sa santé par l'observance des règles élémentaires d'hygiène physique et mentale et par la révision de ses habitudes de vie.

L'importance des habitudes de vie

Il y a des facteurs sur lesquels on n'a pas ou peu de prise. Par exemple, ceux qui relèvent de l'environnement. Ce sont des facteurs extérieurs au corps humain qui ont une incidence sur la santé et qui échappent en tout ou en partie à la maîtrise de chacun (aliments, médicaments, cosmétiques, pollution de l'air et de l'eau, etc.). Il y en a un cependant qui dépend totalement de l'individu: *ses habitudes de vie*. Celles-ci sont définies comme "l'ensemble des décisions que prennent les individus et qui ont des répercussions sur leur propre santé; ce sont des facteurs sur lesquels l'homme peut exercer un

---

2. Yanick Villedieu, *Demain la santé*, les Dossiers de Québec Science, Québec, 1976, p. 221.

certain contrôle." [3] Nous devrions, au moins pour ce qui dépend de nous, faire l'impossible pour adopter des comportements sains. Les habitudes de vie qui nuisent à la santé créent des risques auxquels la personne s'expose délibérément, surtout quand ces risques provoquent la maladie ou la mort; on peut dire alors que le mode et les habitudes de vie d'une personne sont des causes, directes ou indirectes, de sa propre maladie ou de son décès.

Par contre, l'observance des règles élémentaires d'hygiène peuvent préserver la santé, et ne constitue certes pas un idéal surhumain. Les règles de santé que l'on retrouve dans la plupart des livres sur le sujet sont simples et se résument à ceci: alimentation saine et équilibrée, mastication lente, air pur, travail, exercice, repos; en tout, éviter l'excès.

Par ailleurs, on sait que le moral influe sur le physique. Il y a des sentiments négatifs et positifs qui conditionnent grandement la santé. Quand la haine, l'envie, la peur sont habituelles, des changements organiques et de véritables maladies peuvent survenir. Chacun sait que les soucis affectent profondément la santé. Rien ne paralyse autant que la frustration; rien n'aide autant que le succès. Les sentiments de respect et d'estime de son prochain sont bienfaisants pour l'équilibre mental et physique.

Qu'est-ce que la santé?

Un bon état de santé se reconnaît à ce que le sujet ne songe pas à son corps; l'organisme heureux s'ignore. Le docteur Alexis Carrel écrit en ce sens: "Le corps bien portant vit silencieusement. Nous ne l'entendons pas, nous ne le sentons pas fonctionner. Les rythmes de notre existence se traduisent par des impressions cénesthésiques, qui, comme le bruissement doux d'un moteur à seize cylindres, occupent le fond de notre conscience quand nous sommes dans le silence et le recueillement. L'harmonie des fonctions organiques donne le senti-

---

3. Marc Lalonde, *Nouvelle perspective de la santé des Canadiens*, Ministère de la Santé nationale et du Bien-Être social, Ottawa, 1974, page 34.

ment de la paix. Quand la présence d'un organe atteint le seuil de la conscience, cet organe commence à mal fonctionner. La douleur est un signal d'alarme." [4]

La santé, cependant, c'est beaucoup plus que l'absence de maladie, de douleur ou d'infirmité. Voir la santé sous forme de rémission donne une vision trop limitée et négative de cet important phénomène. "L'individu bien portant", écrit le Dr William Stewart, médecin-chef du Service d'hygiène publique des États-Unis, "ne se contente pas simplement de ne pas être malade. Il est vigoureux, conscient de ses forces et désireux d'en faire usage. Dès lors, il faut nous rendre compte, en abordant les problèmes de l'environnement, qu'il y a lieu de considérer la santé de l'esprit autant que celle du corps". [5] Dans cette perspective, la santé apparaît comme un tout, le résultat de facteurs divers, d'ordre non pas uniquement biologique, mais aussi mental et social. Nous retrouvons tous ces éléments dans la définition qu'en donne *l'Organisation mondiale de la Santé* (O.M.S.): "La santé est l'état de bien-être physique, mental et social complet". [6] Cette définition, publiée en 1945, semble faire l'unanimité.

D'autres conceptions de la santé visent moins la notion de bien-être que l'expérience autonome et globale de la réalité, incluant l'adaptation à la maladie et à la douleur. Pour Yvan Illich, par exemple, la santé c'est "la capacité de s'adapter à un environnement qui change, la capacité de grandir, de vieillir, de guérir au besoin, de souffrir et d'atteindre la mort en paix. La santé tient compte du futur, c'est-à-dire qu'elle suppose l'angoisse en même temps que les ressources nécessaires pour vivre avec l'angoisse". [7] Cette approche

---

4. Alexis Carrel, op. cit., p. 164.

5. William Stewart, "From an address delivered at the Annual Meeting of the National Academy of Engineering." 1967. Paru dans *Public Health Service World*, 2:34. Décembre 1967. Cité dans *Nursing social*, par Ruth B. Freeman, Les Éditions HRW Ltée, Montréal, 1973, page 5.

6. (Constitution de L'O.M.S.) Réf.: *Santé du monde* (juillet-août 1962), page 4.

7. Nous nous excusons auprès du lecteur de ne pouvoir lui donner la référence exacte de cette définition de la santé. Nous l'avons extraite d'un texte polycopié qui ne

de la santé est certes intéressante. Elle met l'accent sur le caractère fragile de l'homme qui doit intégrer à sa vie l'expérience de la douleur, de la maladie et de la mort. Mais il est évident que, pour nous, la santé c'est l'intégrité totale, tant du corps que de l'esprit; on écarte de ce fait la maladie et la douleur qui en sont la négation même.

De toutes ces considérations, deux aspects du phénomène de la santé peuvent être dégagés: l'un est statique, l'autre dynamique. L'état de l'individu qui éprouve dans son corps et dans son esprit un bien-être total est statique: il provient du fait que son organisme n'est aucunement perturbé tant sur le plan physique que psychique. La santé, à ce niveau, suppose également l'épanouissement personnel et social. L'aspect dynamique de la santé est cette possibilité pour l'individu en état de bien-être de faire usage de ses forces, d'agir aisément et de produire. Dans cette perspective, la santé pourrait être définie comme *l'aptitude optimum de chaque individu à mener une vie heureuse et productive.* Ce dernier aspect de la productivité est trop souvent oublié quand on parle de santé. Voilà pourquoi nous avons relié au concept de la santé, celui de *l'énergie humaine* qui en est la manifestation essentielle. Ce sera le sujet du prochain chapitre.

mentionnait pas la source. Ce texte d'Yvan Illich est intitulé "L'expropriation de la santé", il est paginé de 931 à 940 et il a vraisemblablement servi à l'élaboration de son livre *Némésis médical.*

Chapitre II

L'énergie humaine

"*L'homme a été programmé pour vivre 120 à 130 ans d'une vie pleine, normale et agréable... C'est le seul être vivant à ne pas accomplir son cycle de vie.*"

Pierre VELLAS

"*Le corps est un espace et un temps dans lequel se joue un drame d'énergie*".

Paul VALERY

La santé c'est l'énergie

Le concept d'énergie rend compte d'une multitude de phénomènes par lesquels la vie se manifeste. L'homme, en effet, se présente comme un faisceau d'énergies. Il se découvre en tant que forces, tel un ensemble de puissances. Quand on parle d'énergie humaine, d'énergie vitale, d'énergie musculaire, d'énergie nerveuse, cérébrale, mentale, spirituelle, on traduit des réalités importantes du corps humain.

Pour l'être vivant, tout commence et tout finit par l'énergie. Toute émotion demande une dépense d'énergie. Toute activité — qu'elle soit physique ou mentale —, toute pulsion émotionnelle est accompagnée d'une dépense d'énergie. Cette dépense, cependant, est loin d'être toujours consciente. Ainsi, même physiquement, les moindres mouvements — les sensations ordinaires —, le simple fait de vivre entraîne une dépense d'énergie, mais on ne la perçoit pas. Cela apparaît dès que nous sommes malades. Physiologiquement, la maladie, comme la fatigue, peut être considérée comme un accroissement de sensibilité à l'égard des dépenses d'énergie.

Qu'est-ce que l'énergie humaine?

Il est difficile de définir l'énergie humaine et encore plus de la mesurer. Les lois de l'énergie physique s'appliquent à la quantité, tandis que celles de l'énergie de la vie concernent la qualité. Disons que d'une certaine façon, l'énergie c'est *la capacité de pouvoir faire quelque chose, de passer à l'acte aisément, d'avoir le goût d'agir.*

On pourrait remplacer le terme *énergie* par le terme *action.* Par exemple, la matière de nos pensées est énergie car elle peut se changer en actes. L'attention est une forme d'énergie.

Sur le plan biologique, l'énergie est fondamentalement liée aux processus vitaux — le mouvement, la sensation, la pensée — et ces processus pourraient s'arrêter si l'apport d'énergie à l'organisme était gravement interrompu. Par exemple, le manque de nourriture peut épuiser l'énergie de l'organisme au point d'entraîner la mort; par ailleurs, la suppression de l'oxygène est tout aussi évidemment fatale. Les poisons qui compromettent les activités métaboliques de l'organisme lui coûtent également son énergie et peuvent provoquer la mort.

L'énergie humaine n'est pas illimitée

On pourrait croire que l'énergie humaine est largement disponible. Or, tel n'est pas le cas. Le corps humain se comporte comme une machine sans vie qui s'use même si on lui fournit assez de combustible. Il vient un jour où l'usure le gagne, entraînant le vieillissement et puis la mort.

C'est ainsi que le Dr Hans Selye décrit le drame du vieillissement qui se joue dans le corps humain: "Nous devons distinguer, écrit-il, entre énergie superficielle d'adaptation et énergie profonde. L'énergie superficielle est immédiatement disponible sur simple demande, comme l'est l'argent d'un compte en banque pour lequel il suffit de tirer un chèque. L'énergie d'adaptation profonde, par contre, est gardée en sécurité telle une réserve, tout comme une partie d'une fortune héritée peut être investie en actions et obligations susceptibles d'être monnayées pour approvisionner notre compte et nous fournir ainsi de l'argent immédiatement utilisable. Mais si nous nous contentons de dépenser sans jamais rien gagner, notre capital s'épuisera. Le processus de vieillissement apparaît très semblable à ce modèle. L'état de fatigue dû à une demande temporaire faite au corps est réversible, mais l'épuisement total de toutes les réserves d'énergie profonde ne l'est pas; et quand ces réserves sont épuisées, la sénilité, puis la mort s'ensuivent".[1]

Beaucoup de gens hypothèquent ainsi leur capital énergétique. Ils se comportent comme si les ressources du corps humain étaient inépuisables. Cela se produit surtout dans la griserie de l'action — la dépense excite —, ou encore dans l'euphorie de la jeunesse, époque de la vie où l'on abuse de ses forces et où l'on considère que le surmenage se compensera très facilement parce que la vitalité peut tout. Si la loi de l'équilibre énergétique n'est pas respectée, on s'expose à miner inexorablement son potentiel d'énergie profonde.

La loi de l'équilibre énergétique

Il y a deux aspects à considérer dans l'énergie humaine: *accumulation et dépense*. Un organisme vivant ne peut fonctionner que s'il y a équilibre entre la charge et la décharge énergétique.

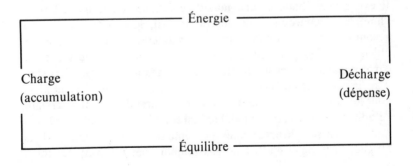

Énergie

Charge
(accumulation)

Décharge
(dépense)

Équilibre

1. Dr Hans Selye, *Stress sans détresse*, Ed. La Presse, Montréal 1978, p. 88.

Cet équilibre maintient un potentiel d'énergie compatible avec les besoins de l'organisme. Garder l'équilibre entre le gain et la perte d'énergie: l'énergie retenue quand il faut est dépensée quand il faut. Équilibrer sa force avec son activité: la force étant réduite, l'activité doit l'être proportionnellement.

Il est facile de voir combien l'on pèche facilement contre cette loi. Que d'extravagances ne faisons-nous pas? Travailler sous l'effet du café, prendre la nuit pour le jour, abuser d'alcool et de bonne chère, fumer comme une cheminée. Il faut limiter son activité, ses plaisirs, à ses possibilités physiologiques sans jamais franchir le seuil de la réserve destinée à l'entretien et à la conservation de soi. L'énergie n'est pas inépuisable. On peut choisir, ou de gaspiller imprudemment ses réserves en "brûlant la chandelle par les deux bouts", ou de les faire durer en les utilisant seulement pour les choses qui en valent la peine.

Deux formes de dégradation de l'énergie humaine: la fatigue et le surmenage

L'association satisfaction-fatigue

Il importe de bien nuancer ses propos quand on parle de fatigue. Il existe une bonne et une mauvaise fatigue. Celle qui est pour l'homme le couronnement de son travail, le résultat de l'effort accompli, est une bonne fatigue. Concrètement, par exemple, les objets fabriqués par l'ouvrier ou l'artisan à la sueur de son front correspondent, intérieurement, à une sensation de fatigue. Satisfait d'avoir réalisé ces objets, le couple satisfaction-fatigue devient alors pour lui, un tout indissociable. Après des heures de travail, l'écrivain, l'étudiant, le professeur ont élaboré un travail qui les satisfait pleinement. Ils en sont heureux mais en même temps, ils ressentent de la fatigue. La fatigue n'est donc pas toujours liée à l'insatisfaction.

La fatigue, un signal d'alarme

La fatigue, qui est la conséquence d'un travail intense ou de longue durée, est inévitable et normale. Paul Chauchard écrit avec raison qu'un "organisme vivant infatigable serait appelé à disparaître, épuisé par l'effort".[2] La fatigue est donc un signal d'alarme.

Cependant, ce signal ne fonctionne pas comme une cloche qui avertirait l'individu chaque fois qu'il dépasse un certain seuil. En réalité, la fatigue s'installe sournoisement. Avant même qu'on en sente les effets, elle couve dans notre organisme. On a parlé du phénomène d'accoutumance de l'organisme à la fatigue. On s'y habitue comme à une drogue et on parvient à en supporter des doses de plus en plus fortes.

L'existence, à notre insu, constitue l'un des grands facteurs de fatigue. Elle inflige à notre organisme une usure qui n'est pas toujours consciemment perçue. Les multiples agressions extérieures comme les problèmes qui tissent la trame de nos journées et qui agitent notre subsconscient, contribuent dans une large mesure à engendrer la fatigue.

Pour illustrer de façon plus concrète les effets physiologiques et psychologiques qu'exerce la fatigue (ou le stress) sur l'organisme, voici un tableau gradué portant sur quelques événements importants de la vie.

Valeur pondérée de stress	Événements de la vie
100	Décès de son conjoint
73	Divorce
65	Séparation conjugale
63	Peine d'emprisonnement
63	Décès d'un proche parent
53	Maladie ou blessure personnelle
50	Mariage
47	Congédiement
45	Réconciliation conjugale
45	Retraite
44	Changement dans l'état de santé ou dans le comportement d'un membre de la famille

---

2. Paul Chauchard, *La Fatigue,* P.U.F., Paris, 1968.

40	Grossesse
39	Difficultés d'ordre sexuel
39	Nouveau membre dans la famille
	(naissance, adoption, pensionnaire...)
39	Rajustement dans son travail, son commerce
38	Changement de situation financière
37	Décès d'un ami proche
36	Changement de métier, profession
35	Dispute avec son conjoint
31	Hypothèque de plus de $10 000
30	Saisie d'une hypothèque ou d'un prêt
29	Changement de responsabilités au travail
29	Départ de son fils ou de sa fille de la maison
29	Problèmes avec sa belle-famille
28	Réalisation majeure sur le plan personnel
26	Début ou arrêt de travail du conjoint
26	Début ou fin d'études
25	Changement dans ses conditions de vie
24	Révision de ses habitudes de vie
23	Problèmes avec son patron
20	Changement dans ses conditions ou ses heures de travail
20	Changement de résidence
20	Changement d'école
19	Changement d'activités récréatives
19	Changement dans les pratiques religieuses
18	Changement d'activités sociales
17	Hypothèque de moins de $10 000
16	Changement d'habitudes de sommeil
15	Changement dans les habitudes de réunions de famille
15	Changement d'habitudes alimentaires
13	Vacances
12	Le temps des fêtes
11	Infractions mineures à la loi

(Version française tirée de Time-Life, *Le Stress*, 1977)

L'échelle porte sur des événements observables mais partiellement mesurables. Elle ne tient pas compte de la complexité, du caractère différentiel et du coefficient de tolérance de chaque individu. Il faut donc s'en servir avec réserve. Cependant, une conclusion s'impose: *il est nécessaire de disposer d'une quantité d'énergie suffisante qu'on puisse mettre à contribution pour faire face aux problèmes et aux situations de façon rationnelle et efficace.*

Le surmenage

Se surmener égale dépenser plus que ses revenus. Il y a surmenage dès que les grands réparateurs naturels (repas, sommeil) sont insuffisants. Normalement, notre organisme devrait pouvoir réparer ses forces au fur et à mesure de ses besoins par le repos et une alimentation adéquate. Mais nous ignorons la manière d'économiser nos forces. Nous puisons dans nos réserves jusqu'à déséquilibrer tout l'organisme. La fatigue chronique s'installe et la résistance nerveuse diminue. La détresse hypothalamique du surmenage se fait sentir sur les viscères. Les organes importants comme le coeur, les reins, le foie souffrent de troubles fonctionnels. Bientôt tous les tissus se trouvent affectés directement ou indirectement par l'épuisement final du surmenage ou de la dépression.

Notons que le surmenage vient rarement après une action épuisante. C'est même un cas assez rare. Médecins et psychologues constatent fréquemment que la dépression suit de loin une série d'actions épuisantes échelonnées parfois sur de nombreuses années.

Comment combattre la fatigue et le surmenage

Respecter la loi de l'équilibre

On a vu que la fatigue est souvent due à un déséquilibre: on gaspille des forces que l'on néglige de reconstituer. Comme dans le cas du budget familial, vivre au-dessus de ses moyens entraîne tôt ou tard de graves problèmes. On peut y remédier par un programme en deux points: d'abord, en emmagasinant des réserves d'énergie, ensuite, en réduisant le gaspillage.

Surveiller son régime alimentaire

Il faut surveiller son régime alimentaire. Se satisfaire d'un café comme repas, d'une tablette de chocolat ou d'une boisson gazeuse entraîne inévitablement la fatigue à la fin de la journée. À l'opposé, la suralimentation provoque une sensation de lourdeur et fatigue l'organisme inutilement. On ne saurait trop insister sur l'importance d'un régime équilibré. Nous en reparlerons plus loin.

Les rééquilibrants biologiques

Souvent on choisit de traiter la fatigue par des rééquilibrants biologiques. Ce sont des composés qui, une fois agissant sur le métabolisme, permettent de reconstituer ses réserves. Les plus connus se vendent sous différents noms et entrent dans la famille de ce qu'on appelait populairement les "toniques". Certains sont faits à base de vitamines et de minéraux, d'autres sont uniquement constitués de protéines.

Les vitamines qui ont une action directe sur la fatigue sont la vitamine C, vitamine de l'effort, et les vitamines du groupe B qui catalysent les réactions biologiques. Par ailleurs, les minéraux qui remplissent également ce rôle sont le magnésium, le potassium et le fer. On a besoin d'un supplément en général et surtout de vitamines B et C dans les moments de travail ou de tension intense dans le but de combattre la fatigue physique ou intellectuelle.

Au cours d'un entraînement physique, par exemple, les besoins en vitamines B et C s'accroissent. En multipliant la quantité de ces vitamines dans l'organisme, on augmente la capacité de travail et on aboutit à une diminution de la sensation de fatigue. La vitamine B_1 (thiamine), en particulier, collabore à l'effet stimulant des nerfs sympathiques sur les muscles fatigués. L'organisme ne pouvant pas se constituer de réserves de thiamine, il est nécessaire d'en assurer un apport régulier, surtout lors d'un travail physique intense comme chez les sportifs pendant les compétitions. Si la vitamine B_1 est essentielle au cours d'efforts physiques, elle assure également le bon fonctionnement du système nerveux.

La vitamine C (acide ascorbique) intervient dans la contraction musculaire. Elle participe au métabolisme des glucides, du stade hépathique au stade musculaire. Elle joue un rôle important dans le processus de contraction musculaire; sa présence est nécessaire au bon déroulement du métabolisme des protéines. Par sa participation au fonctionnement du cortex surrénal, elle favorise la formation de substances qui empêchent ou retardent l'apparition de la fatigue.

Dans le chapitre sur l'alimentation, vous trouverez un tableau complet des provenances alimentaires des vitamines et des minéraux.

L'idéal serait de consommer chaque jour des aliments qui contiennent de grandes quantités de ces vitamines et minéraux. Cependant, si vous choisissez de prendre des vitamines en comprimés ou en liquide, rappelez-vous ceci: ces substances prises en doses raisonnables sont sans danger, mais absorbées en fortes quantités, elles deviennent de véritables excitants, provoquant un surcroît momentané d'énergie. On pourrait donner l'exemple de ces "super-protéines" que prennent certains sportifs. Elles provoquent des excès soudains d'énergie qui, l'effet terminé, occasionnent à leur tout une baisse, puis une carence de vitalité souvent plus grave que l'état initial. Ces substances, par ailleurs essentielles à l'organisme, se trouvent généralement en quantité suffisante dans une alimentation équilibrée.

On pourrait ajouter aux vitamines et aux protéines, des glucides comme le sucre, ou saccharose, souvent consommé en grosse quantité par les sportifs et les intellectuels. Le glucose est le principal fournisseur d'énergie de l'organisme. L'oxygène joue aussi un rôle indispensable dans le traitement de la fatigue.

L'énergie artificielle

Le doping

Selon sa définition, le *doping est tout procédé utilisé dans le but d'accroître de façon anormale et dangereuse les possibilités physiologiques du corps humain.* Nous ne traiterons pas en détail de tous ces procédés. Il existe de nombreux ouvrages spécialisés sur le sujet. Il s'agit uniquement de mettre le lecteur en garde contre la volonté de se procurer à l'aide de substances chimiques, une énergie artificielle au détriment de sa santé.

Il existe une multitude de produits qui font disparaître les sensations de lassitude. Des dopants aux substances à basse valeur thérapeutique, toute une gamme de substances plus ou moins actives sont disponibles sur le marché. Certains de ces produits servent de rééquilibrants métaboliques, d'autres ont pour but de stimuler l'activité du système nerveux central. Ces derniers provoquent en partie des réactions semblables à l'effet que réalisent les nerfs sympathiques. Ces substances, qui présentent en plus un certain danger d'accoutumance, relèvent du domaine du "dopage": il en est ainsi de ce "dopage" aux amphétamines et à ses dérivés que pratiquent, par exemple, certains étudiants et certains sportifs, ou les femmes qui veulent maigrir en trompant la faim par la sensation d'une certaine euphorie.

Paule Fougère, docteur en pharmacie, décrit ainsi les dangers courus par ceux qui utilisent ces substances: "L'effet agréable, la sensation de "tout pouvoir faire" qui accompagnent leur absorption dès le début, conduisent les gens qui les prennent à augmenter leur dose. Alors se développe l'intoxication chronique, caractérisée par une activité débordante, centrée sur des besognes mineures, et l'irritabilité du caractère. L'insomnie devient coutumière, tandis que diminuent la capacité d'attention, l'affectivité et le sens moral".[3] Le risque d'escalade dans la consommation de médicaments et de barbituriques n'est pas le seul danger couru par les usagers. Le processus de dégénérescence de l'organisme, accéléré par le phénomène d'accoutumance, est souvent irréversible. On paie cher ce type d'énergie momentanée et purement artificielle.

Le tabac, l'alcool et le café

Une autre forme d'énergie artificielle peut être obtenue par l'utilisation du tabac, de l'alcool et du café. Pour relancer la machine, on se "dope" à la cigarette, au café, au vin, aux boissons alcooliques ou à la bière. On obtient ainsi un surcroît momentané d'énergie qui fait régresser le seuil de la fatigue en augmentant les possibilités d'accomplir des performances inhabituelles, physiques ou intellectuelles. Malheureusement les effets sont néfastes, et vient un jour où l'organisme s'en ressent. Nous verrons plus loin les effets désastreux sur le système de l'un de ces excitants, le tabac.

Une restriction cependant peut être faite pour le café et certains autres produits d'origine végétale contenant des substances du grou-

---

3. Paule Fougère, *Les Médicaments du bien-être*, Hachette, 1970, p. 111.

pe de la caféine. Le café, le thé, le cacao, la noix de kola ont, grâce à la présence de "xanthines", une action stimulante et parfois bienfaisante sur l'organisme.

Leur effet stimule l'excitabilité aussi bien cérébrale que musculaire. Sous l'influence de la caféine, par exemple, la force de contraction des muscles s'intensifie, ce qui a pour effet d'augmenter la capacité de travail. De la même façon, on peut accroître la force de contraction du coeur. Par conséquent, l'action de la caféine peut être bénéfique tant pour le travail physique qu'intellectuel: elle améliore la perception, diminue ou fait disparaître l'asthénie et la somnolence.

Cependant il faut éviter l'usage excessif de la caféine ou de substances similaires. Si une petite quantité de caféine telle qu'on la trouve dans une tasse de café, de thé ou de cacao peut avoir une action positive, la consommation d'une grande quantité peut entraîner l'effet contraire à celui qu'on recherchait, soit l'accentuation de la fatigue accompagnée d'agitation, d'insomnie rebelle, de troubles cardiaques, etc. La sensation de bien-être et la capacité accrue de travail sont toujours suivies, quelques heures plus tard, d'une réaction contraire qui se traduit par la fatigue et la diminution de la capacité de travail.

Conclusion

La règle du comportement humain réside dans l'équilibre. Il ne faut pas chercher le bonheur dans des substances chimiques ou naturelles. L'homme et la femme se doivent d'adapter, de limiter leurs activités et leurs plaisirs à leurs possibilités physiologiques, de consentir à organiser leur vie sociale en la soumettant aux impératifs de leur existence professionnelle.

Mais il est un motif bien plus noble et supérieur encore: rétablir un équilibre compromis par des excès de toutes sortes et favoriser l'épanouissement de la vie spirituelle par la mesure et la tempérance dans l'usage de tout ce qui peut nourrir et fortifier notre vie corporelle.

La Baghavad Gita, livre sacré des Hindous, donne cette règle d'or: *"Ne peut être un Yogi celui qui mange trop, ni celui qui jeûne, ni celui qui se prive de sommeil, ni celui qui dort beaucoup, ni celui qui travaille trop, ni celui qui ne travaille pas."*

Chapitre III

L'énergie alimentaire

Bien manger pour mieux vivre

Quelles sont nos habitudes alimentaires?

S'il est un facteur qui conditionne toute l'activité humaine, c'est bien l'alimentation. C'est d'elle que la santé dépend en grande partie et cela, à n'importe quel âge de la vie. Pourtant y a-t-il un domaine plus négligé que celui de l'alimentation? *Nous mangeons trop, nous mangeons mal. Toutes les études menées sur nos habitudes alimentaires nous mènent à cette conclusion.*

On pourrait compiler un lourd dossier sur nos mauvaises habitudes alimentaires. On accorde, en général, peu d'importance à l'acte de se nourrir. Souvent même, on considère le temps consacré à cette action comme improductif. Nous mangeons comme pour nous débarrasser d'une corvée. Nous prenons nos repas dans la plus insignifiante des routines, quand, en fait, se nourrir est l'acte le plus important de notre vie.

Trop bien et trop mal nourris

Aussi paradoxal que cela puisse paraître, les Canadiens souffrent de malnutrition, non par carence alimentaire comme c'est le cas dans les pays sous-développés, mais par un déséquilibre qui se manifeste par toute la gamme des maladies de l'appareil digestif et cardiovasculaire.

31

L'enquête commandée par le gouvernement fédéral entre 1970 et 1972, *Nutrition Canada,* pour connaître l'état de nutrition des Canadiens a permis de constater la piètre qualité de notre régime alimentaire quotidien, malgré l'abondance des produits alimentaires sur notre marché.

Les conclusions de cette étude sont corroborées du reste par celles du ministère des Affaires sociales du Québec: plusieurs éléments nutritifs essentiels au maintien d'une bonne santé sont absents du régime quotidien d'une grande majorité de citoyens; nous mangeons beaucoup trop de sucre, trop de gras et de viande et pas assez de poisson, de fruits, de légumes et de céréales à grain entier. D'après ces études, il semble que les Québécois soient particulièrement concernés par ce diagnostic.

En considérant le pourcentage des problèmes de santé constatés dans la population, les statisticiens en arrivent à la conclusion que le Québec compte en plus d'environ 500 000 adultes franchement obèses (80% des Québécoises sont trop grasses sans atteindre le point d'obésité), 160 000 hommes dont le taux de cholestérol est élevé, 440 000 personnes dont le régime alimentaire est déficient en fer et environ 500 000 enfants et adolescents dont l'organisme manque de calcium.

Ajoutons, concernant l'obésité, que tout excès de poids de plus de 25 pour cent est associé à la diminution de la longévité, tant chez la femme que chez l'homme.

Ces données sont certes éloquentes et de nature à faire réfléchir. Elles justifient pleinement l'importance des objectifs de santé alimentaire dont il sera question dans le présent chapitre et au suivant.

Objectifs "alimentation-santé"

Dans la plupart des secteurs de l'activité humaine (éducation, commerce, entreprises, compagnies, etc.) la planification par objectifs est devenue pratique courante. La formulation d'objectifs précis assure le rendement et l'efficacité, la rentabilité des investissements ou le succès d'une expérience que l'on veut mener à bonne fin.

Dans le domaine de la santé, ce mode de fonctionnement est aussi approprié. À cette fin, nous vous proposons à la page suivante une GRILLE D'ÉVALUATION destinée à faire le point sur les aspects importants à considérer dans l'acte de se nourrir. Son utilisation favorisera une prise de conscience des erreurs alimentaires de façon à déterminer des objectifs pouvant corriger les mauvaises habitudes. Répondez donc honnêtement à ce petit questionnaire.

Cette grille n'a pas une valeur scientifique absolue. Elle sert uniquement d'encadrement à l'évaluation des habitudes alimentaires. Sa pertinence sera plus grande si vous vous efforcez de bien dégager le rapport entre l'esprit et la lettre de chaque question. Cette évaluation sommaire vous permettra de mieux apprécier l'à-propos des objectifs suivants:

Objectifs de connaissance:

- connaître la valeur nutritive des aliments et leur rôle énergétique dans l'organisme;
- connaître le fonctionnement de l'appareil digestif pour mieux l'utiliser.

Objectifs de comportement:

- mettre en pratique les lois et les règles qui favorisent la digestion;
- développer de bonnes habitudes alimentaires.

La santé, une science qui s'apprend

Parfois des erreurs sont commises par paresse ou par caprice. Le plus souvent, c'est par ignorance des lois élémentaires de la nutrition et de la digestion. Les deux prochains chapitres veulent corriger cette lacune. Lisez-les attentivement en vous rappelant que *la première démarche vers une bonne santé est d'ordre cognitif.* La connaissance de la valeur nutritive des aliments et du rôle des éléments vitaux dans l'organisme constitue une motivation certaine dans la recherche de l'équilibre alimentaire et de la santé.

Grille d'évaluation
du comportement alimentaire

	A	B	C	D	E	NOTE /10
1. Manger est-il une action importante dans votre vie? (sur le plan pratique)						
2. Dans le choix de vos aliments, vous laissez-vous guider par leur valeur nutritive ou par leur goût seulement?						
3. Connaissez-vous le rôle des vitamines, des minéraux et des protéines dans l'organisme?						
4. Quand vous mangez, prenez-vous le temps de goûter vos aliments?						
5. Prenez-vous le temps de bien mastiquer vos aliments?						
6. En général, mangez-vous plus que vos besoins?						
7. Pendant le repas, discutez-vous souvent de problèmes d'ordre professionnel, social ou familial?						
8. En général, vous sentez-vous lourd après un repas ou sentez-vous le besoin de dormir?						
9. Éprouvez-vous la fringale même quelque temps seulement après avoir mangé?						
10. Commencez-vous à travailler ou à faire de l'exercice physique violent immédiatement après le repas?						

Interprétation   %

Valeur des lettres	Barème d'évaluation	
A: 9 D: 5	80%: EXCELLENT	50%: FAIBLE
B: 7 E: 1	70%: BON	40% et moins: MAUVAIS
C: 6	60%: PASSABLE	

Le rôle des aliments est
de combler les dépenses d'énergie

L'organisme ne crée pas l'énergie. Celle-ci est le résultat d'une série de transformations dont les aliments sont la source première. Dans le domaine de la nutrition, l'organisme se comporte comme une machine qui utilise du combustible pour en extraire l'énergie et la transformer en chaleur et en travail. Le combustible, ici, est constitué par les aliments que l'organisme doit brûler pour entretenir la vie et maintenir ses activités.

Dans l'entretien de la vie, le rôle des aliments est de fournir les matériaux requis pour reconstituer, et au besoin, raffermir et réparer les tissus usés et les substances qui conservent la santé au corps et régularisent les fonctions de l'organisme. Ils transmettent en outre la force nécessaire à la poursuite des activités physiques et intellectuelles.

L'alimentation doit combler les dépenses d'énergie pour maintenir l'équilibre organique. Quand les aliments ne comblent pas les pertes totales subies, l'organisme doit puiser dans ses réserves au risque de maigrir et de dépérir. Une alimentation insuffisante ou de mauvaise qualité engendre la fatigue, la lassitude. La paresse, par exemple, que l'on attribue le plus souvent à des facteurs moraux ou caractériologiques peut tout aussi bien être le résultat d'une carence alimentaire tant en qualité qu'en quantité.

La valeur nutritive des aliments est importante. Si le repas n'est pas équilibré, on peut *souffrir de sous-alimentation dans une suralimentation.* Voilà pourquoi, sortant d'un dîner copieux, on peut éprouver la sensation d'avoir bien mangé mais peu après toutefois, la fringale se déclare; parfois même on peut se sentir plus faible qu'avant.

Énergie, chaleur, calorie, travail

Ces termes que l'on retrouve dans différents livres qui traitent de la nutrition et de l'alimentation désignent tous la même réalité. Après ingestion des aliments, *ceux-ci, comme tout combustible,* *s'oxydent et produisent de la chaleur que l'on exprime en calories.* Ce dégagement de chaleur et de calories produit de l'énergie qui nous permet de poursuivre nos activités*.

Définition de l'énergie

L'énergie est définie comme étant ce qui rend possible un changement ou plus précisément l'accomplissement d'un travail. Le travail est donc une mesure de l'énergie.[1]

L'énergie n'apparaît pas dans l'organisme uniquement sous forme de travail. Elle peut aussi être emmagasinée et stockée au cours de la croissance ou bien se déposer en graisses chez l'obèse. L'équation énergétique est formulée ainsi:

$$\text{Énergie des entrées alimentaires} = \text{Production de chaleur interne} + \begin{array}{l}\text{travail externe} \\ \text{stockage d'énergie}\end{array}$$

Remarquons que l'organisme n'est pas une machine thermique puisqu'il est absolument incapable de transformer la chaleur en travail. La chaleur est utilisée pour maintenir la température du corps.

Le tableau ci-dessous donne les valeurs énergétiques des principaux aliments, exprimées en Kcal par 100 g d'aliment: [2]

---

* Les *calories* représentent le pouvoir global de faire engraisser, c'est la part tranformée des aliments qui permet de faire des efforts physiques.

1. A.J. Vander, J.H. Sherman, D.S. Luciano, *Physiologie humaine*, McGraw, Montréal 1977, p. 52.

2. Charles-Noël Martin, *L'Énergie moteur du monde*.

Soupe aux légumes	15	Poisson	100
Épinards	25	Lard	930
Oranges	50	Laitue	20
Champignons	40	Mayonnaise	720
Amandes	640	Lait	70
Pommes	15	Huile d'olive	900
Abricots	56	Huîtres	50
Artichauts	80	Porc	250
Boeuf	220	Pommes de terre	100
Bouillon	10	Riz	350
Beurre	730	Sucre	390
Fromage	400	Thon	220
Chocolat	570	Veau	160
Carottes	45	Poulet	200
Dattes	360	Oie	400
Oeuf	160	Endive	15
Farine	360	Confiture	300
Lentilles	350	Choux	30
Pain	260	Haricots blancs	120
		Oignon	50

Les facteurs qui conditionnent les besoins en énergie

Le travail interne

L'organisme humain est en activité continuelle. Il n'est pas un seul moment, aussi longtemps qu'il y a vie, où certaines parties de l'organisme ne soient en activité; autrement, ce serait la mort. Ainsi, le coeur n'arrête jamais de battre, les muscles de la cage thoracique se contractent pour faire entrer l'air dans les poumons, ceux de l'estomac et de l'intestin participent au travail de la digestion et nombre d'autres muscles internes accomplissent leurs fonctions vitales indépendamment de notre volonté.

Même à l'heure de la plus complète détente, et pendant le sommeil, nous sommes encore et toujours sous une certaine tension. Quand nous rêvons, notre cerveau est en activité.

Le travail externe

L'effort physique influe sur les besoins en énergie. L'employé de bureau a besoin de moins de calories que l'active ménagère ou le manoeuvre. Le travail mental cependant n'augmente pas le besoin en calories.

Certains facteurs modifient le travail interne et externe

L'âge, le poids, la taille, la croissance, le sexe, la maladie, etc. sont autant de facteurs qui font varier les besoins en énergie. Les adolescents dépensent autant d'énergie sinon plus que les adultes. Même à travail égal, on a moins besoin de calories à 35 ans qu'à 25 ans. En vieillissant, manger autant qu'en pleine jeunesse conduit à l'obésité qui écourte la vie.

Retenir ce principe:

Sauf dans des cas particuliers, les calories fournies par les aliments doivent égaler les dépenses d'énergie.

Les trois grandes classes d'aliments

Les aliments n'ont pas tous la même valeur énergétique. On les répartit d'après des similitudes de constitutions et de propriétés en trois grandes catégories: les GLUCIDES (ou hydrates de carbone), les LIPIDES (graisses) et les PROTIDES (protéines).

À une époque où le culte des calories est grand, on serait naturellement porté à croire qu'il n'existe aucune différence énergétique entre ces éléments, à condition que le taux de calories nécessaires soit assuré. Tel n'est pas le cas puisque *l'organisme doit recevoir, chaque jour, une quantité minimum de chacune des grandes classes d'aliments.*

On ne peut donc supprimer les lipides et croire y suppléer en augmentant la quantité des glucides ou des protides, même si l'on atteint le nombre de calories voulues. L'équilibre entre ces trois groupes de substances organiques (glucides, lipides et protides) est imposé par les lois mêmes du fonctionnement vital. Car, en plus de l'énergie, le corps a besoin de matériaux servant à la construction et à la réparation des tissus.

Les glucides et les lipides

Les glucides, ou hydrates de carbone, comprennent les amidons et les sucres. Les amidons se trouvent dans les aliments suivants: les céréales et les préparations qui en contiennent (pain, pâtisseries, etc.), les légumes, particulièrement les racines (carottes, panais, etc.), les tubercules (pommes de terre et autres) et les légumineuses (pois, fèves, haricots, etc.).

Les sources de sucre sont facilement repérables par le goût (fruits mûrs, sirops, miel, sucres, etc.). Le sucre courant, ou saccharose, est l'aliment du cerveau et des muscles. Sportifs et intellectuels doivent en faire une importante consommation.

Les lipides se retrouvent aussi largement distribués dans la nature que les glucides. Ils comprennent les graisses (beurre, crème, viandes grasses, etc.) et les huiles (de maïs, de noix, d'olive, de sésame, de soya, de tournesol). Les lipides sont solides (graisses) ou liquides (huiles) selon que les acides gras présents dans la molécule sont saturés ou non. Les acides gras non saturés sont appelés ainsi parce qu'ils ne contiennent pas suffisamment d'hydrogène pour saturer les atomes de carbone.

Les lipides, comme les glucides, sont une forme de combustible de réserve: ils se retrouvent dans les tissus adipeux et servent à protéger l'organisme contre les chocs extérieurs, par exemple le froid. Avec les glucides, ils servent aussi à épargner les protides en fournissant de l'énergie pendant que ces derniers sont affectés à la construction des tissus. Ils servent également à épargner certaines vitamines (la thiamine et la niacine) et sont les solvants naturels des vitamines A, D, E et K. Ils sont essentiels au bon fonctionnement de l'organisme en particulier au travail de la digestion, et concourent à structurer certains tissus: en effet, les membranes des cellules sont composées de protides et de certains lipides.

Même si les lipides sont essentiels à l'organisme, il faut cependant éviter une surconsommation des graisses saturées qui ont la propriété d'augmenter de façon anormale le taux de cholestérol nécessaire à l'organisme. Voilà pourquoi de plus en plus de médecins recommandent une alimentation moins riche en graisses saturées et en cholestérol, et plus riche en graisses non saturées qui tendent à abaisser le taux de cholestérol dans le sang. Cette propriété est observée notamment à propos de l'huile de maïs qui présente une remarquable combinaison de facteurs favorables à la réduction du cholestérol: (1) un bon rapport des gras non saturés aux gras saturés; (2) un plus fort pourcentage de substances végétales qui réduisent le cholestérol; (3) une proportion avantageuse de tous ses acides gras essentiels. En général, certaines huiles végétales et certains produits à base d'huile végétale (tels que margarine et vinaigrettes, etc.), le poisson, la volaille et les noix sont autant d'aliments qui aident à atteindre ce but.

Les médecins préconisent ce régime non seulement pour les personnes souffrant d'affections cardiaques, mais aussi, dans bien des cas, comme simple mesure préventive pouvant réduire la probabilité de troubles plus tard.

Les protides

Comme l'organisme ne brûle pas entièrement les protéines, celles-ci fournissent moins d'énergie mais ont *d'autres fonctions* qu'elles seules peuvent remplir.

Les glucides et les lipides sont les principales sources d'énergie pour les activités de l'organisme, mais ils n'entrent que pour une faible partie dans la composition des tissus actifs. Les *protides,* par contre, forment la presque totalité des matériaux de construction du corps.* C'est la matière noble qui fait les muscles, le foie, le cerveau. Celle qui fait grandir, qui donne de la force, stimule l'appétit, remet en forme après un coup dur sans faire engraisser; elle constitue les architectures, les machines nobles de toute cellule vivante.

Les protéines sont de grosses molécules organiques très complexes résultant de la réunion d'un très grand nombre d'acides aminés. Elles ne peuvent être stockées sous forme de protéines comme le

---

(*) C'est pour cette raison qu'on les appelle *protides*. Le mot vient du grec "protos" qui signifie premier. Si on analyse la substance sèche du corps on trouve que le 9/10 de ses composants est constitué par les protides et que le 1/10 restant contient les glucides, lipides et sels minéraux.

glucose et les graisses sont stockés sous forme de graisse et, à un moindre degré, sous forme de glycogène. Voilà pourquoi l'absorption de grandes quantités de protéines n'implique pas une augmentation significative du contenu protéique du corps. Les acides aminés excédentaires sont simplement convertis en hydrates de carbone ou en graisses. Il faut donc en inclure chaque jour dans son alimentation.

Les sources de protéines

Les protéines fournissent à l'organisme pas moins de vingt-deux acides aminés. L'organisme peut fabriquer tous ces acides aminés, sauf huit. Ces derniers acides aminés sont dit "essentiels" et doivent se retrouver simultanément en quantité suffisante. Ce sont les aliments qui fournissent les protéines.

Il y a deux sources de protéines: les protéines animales et les protéines végétales. Les viandes, le lait, le fromage et les oeufs sont tous des aliments reconnus comme source de *protéines complètes* parce qu'ils fournissent les huit acides aminés essentiels dans les proportions requises par l'organisme; les végétaux produisent des *protéines incomplètes* parce qu'il y manque certains acides aminés essentiels ou parce que leur présence n'est pas en proportion suffisante pour favoriser la reconstitution normale des cellules humaines; ainsi donc le blé, les pois, les fèves et particulièrement la fève soya, contiennent tous les acides aminés essentiels, mais en proportion insuffisante pour permettre l'utilisation des autres acides aminés. Il est néanmoins possible d'obtenir les quantités nécessaires d'amino-acides à partir des protéines végétales seules, bien qu'une sélection et qu'un assortiment soigneux soient nécessaires et que la quantité totale de protéines à ingérer soit alors supérieure.

Toutefois, l'association des protéines animales aux protéines végétales améliore la valeur biologique de ces dernières, en ce sens que l'organisme utilise le surplus d'acides aminés essentiels contenus dans les protéines animales pour enrichir les protéines végétales trop pauvres en ces acides aminés essentiels.

À la suite de telles considérations, on comprend mieux pourquoi durant la convalescence et les périodes d'entraînement physique, il est recommandé que 50 pour cent des protéines nécessaires soient de provenance animale, alors que pour l'adulte normal, il suffit que le tiers des protéines soient effectivement de la même origine.

Une carence en protéines entraîne la fatigue, l'affaissement des tissus, les rides et le vieillissement. Il faut savoir cependant qu'en temps normal, toutes les parties de l'organisme s'usent, mais alors la réparation se fait automatiquement à mesure que la dégradation des cellules se produit, pourvu que l'on fournisse à l'organisme les matières premières dont les tissus sont composées. La fatigue survient lorsqu'il y a déséquilibre entre l'activité et les besoins en protéines.

Par contre, une trop grande quantité de protides impose un surmenage au foie et aux reins. Chaque fois que nous prenons une quantité de protides qui dépasse les besoins limités de l'organisme, le foie est obligé d'intervenir pour transformer directement en urée l'excès d'albumine qui circule dans le sang.

Une question d'équilibre

Le corps humain a besoin de tous les éléments énumérés ci-dessus mais pas tous en même quantité; il y a des proportions à respecter. Les besoins de l'organisme se répartissent comme suit:

- 10 à 15% de protéines;
- 25 à 35% de graisses;
- 50 à 60% d'hydrates de carbone.

Notre alimentation doit fournir ces quantités à l'organisme. Ce qui signifie que pour un homme qui a besoin de 2 500 calories par jour, 15% de ce total de calories doit provenir de protéines. Si on fait le partage des calories pour une journée, on aura:

- 375 calories provenant des protéines;
- 875 calories provenant des graisses;
- 1 250 calories provenant des hydrates de carbone.

Il est important de varier les aliments que l'on consomme dans chaque catégorie pour être certain d'avoir tout ce dont on a besoin, mais il est aussi essentiel de réduire la quantité des aliments riches en calories si on ne veut pas faire de l'obésité.

Autres éléments vitaux importants

Les sels minéraux

Les sels minéraux sont indispensables à l'organisme, soit comme constituants de certaines cellules, soit comme régulateurs de certaines fonctions. Ainsi ils servent à la formation des os et des dents, des cheveux, des ongles et de la peau, du tissu musculaire et du tissu nerveux, du sang et des sécrétions glandulaires. L'organisme requiert environ 14 de ces éléments nutritifs dont les plus importants sont le CALCIUM (lait et fromage, certaines céréales, légumes et légumineuses), le FER (le foie, le coeur, les viandes rouges, le jaune d'oeuf, la mélasse, les fruits secs comme les raisins, les dattes, les figues, les pruneaux et les céréales à grains entiers), le PHOSPHORE (tous les aliments riches en protéines comme le poisson, le lait, la viande maigre, le jaune d'oeuf et les produits de céréales à grains entiers), l'IODE (poisson de mer, huile de foie de morue, sel iodé).*

Importance du rôle du phosphore, du calcium et du magnésium

On pourrait souligner ici le rôle particulièrement important de certains minéraux comme le phosphore et le magnésium. Il est indispensable que les rations alimentaires et tout particulièrement celles des travailleurs intellectuels soient suffisamment riches en calcium et en phosphore.

Ces deux minéraux doivent exister dans l'organisme selon un rapport équilibré. Autrement, des effets secondaires importants peuvent s'ensuivre comme la décalcification par excès phosphorique, ou, au contraire, la formation de dépôts calciques dans divers organes due à un excédent de calcium. De plus, une déficience en calcium entraîne la nervosité cependant que l'excès déprime.

Si le phosphore et le calcium jouent dans l'activité cérébrale un rôle en quelque sorte dynamique, le magnésium exerce une action plutôt sédative en contribuant à équilibrer les excitations supérieu-

---

* Consultez le tableau complet des vitamines, des minéraux et leurs sources alimentaires à la fin du chapitre.

res. Il facilite aussi la mémoire, et ses effets sont particulièrement bénéfiques sur la vitalité du cerveau. En effet, des physiologistes ont démontré que le vieillissement de certains organes, et en particulier du cerveau, pouvait être provoqué par une diminution du magnésium cellulaire.

Les vitamines

Contrairement aux graisses, aux hydrates de carbone ou aux protéines, les vitamines ne sont pas productrices d'énergie, mais elles exercent une action spécifique dont l'organisme ne peut se passer; ce sont des substances régulatrices dont le mode d'action est souvent comparé à celui des catalyseurs qui activent les opérations métaboliques. Elles interviennent dans les phénomènes les plus intimes de la vie cellulaire. Ce sont elles qui amorcent et activent les dégradations, les combustions des aliments, facilitant, par là même, le dégagement et l'utilisation de l'énergie qu'ils contiennent.

Sans ces "activeurs", la dislocation des substances énergétiques absorbées et le dégagement de la chaleur que recèlent ces dernières à l'état potentiel se font mal ou incomplètement.

Plus l'apport énergétique est important dans la ration, plus l'apport vitaminique et minéral doit être grand. Le manque de sommeil, le surmenage intellectuel ou moral réduisent considérablement le pouvoir d'assimilation des vitamines. L'organisme d'un travailleur manuel réclame davantage de vitamines, surtout la vitamine C et le complexe des vitamines B. Ces dernières permettent l'utilisation des matières amylacées et sucrées (en particulier le pain). Dans les cas mentionnés, il faut donc administrer à l'organisme des doses complémentaires de ces éléments de vie physiologique. Consulter à la fin du chapitre les tableaux I et II pour connaître les sources et les proportions à respecter.

L'eau

L'eau est indispensable à la digestion et à l'élimination. Les liquides comme la soupe, le lait, les jus de fruits et autres boissons en contiennent une forte proportion et ajoutent ainsi de l'eau au régime.

Il faut boire beaucoup d'eau parce qu'on en perd continuellement par la respiration, les sueurs, les urines et les selles. Il faut compenser ces pertes constamment.

De plus, les liquides jouent un rôle comme constituants des cellules, comme véhicules des substances nutritives et comme solvants des substances éliminées.

Conclusion

Pour se maintenir en bonne santé et garder un poids normal, tant pour le travailleur manuel que pour l'intellectuel, l'étudiant ou la mère de famille, il faut faire un choix judicieux d'aliments variés. Autrement dit, il faut s'assurer que l'organisme reçoive bien quotidiennement les rations de protéines, de vitamines et de sels minéraux nécessaires au maintien des fonctions essentielles. D'ailleurs, plus la ration de calories est réduite, plus le choix des aliments doit être équilibré.

La difficulté pour l'homme, c'est que l'organisme humain n'indique pas ses besoins par des messages clairs et immédiats (contrairement à une plante, par exemple), mais plutôt par des signes de détérioration souvent lents à se manifester.

Dans tous les cas, qu'il s'agisse d'une carence en fer se traduisant à long terme par l'anémie, ou d'un excès de cholestérol dans le sang, on constate toujours que l'alimentation est mal équilibrée. Peu de gens connaissent les besoins nutritifs du corps humain et se nourrissent à la va-comme-je-te-pousse selon des notions vagues, incomplètes et souvent irrationnelles.

En terminant, rappelons que *Le Guide alimentaire canadien* peut être d'une grande utilité pour équilibrer son régime alimentaire. Il présente des groupes d'aliments que chacun devrait consommer chaque jour afin de fournir à l'organisme tous les éléments nutritifs dont il a besoin. Il est simple à comprendre et facile à suivre. Nous le reproduisons au tableau II, à la fin du présent chapitre. Mentionnons également la parution récente du *Guide alimentaire québécois,* plus complet que son homologue canadien. On peut se le procurer gratuitement dans presque tous les kiosques à journaux et les centres d'alimentation.

TABLEAU I

Ration alimentaire quotidienne recommandée — Révision 1975

| | | | | | | Vitamines solubles à l'eau | | | | Vitamines solubles à la graisse | Minéraux |
Âge (Années)	Sexe	Poids (kgl)	Taille (cm)	Énergie [a] (kcal)	Protéines (g)	Thiamine (mg)	Niacine [c] (mg)	Riboflavine (mg)	Vitamine B6 [f] (mg)	Folate [B] (ug)
0-6 mois	les deux	6	—	kg x 117	kg x 2,2 (2,0) [D]	0,3	5	0,4	0,3	40
7-11 mois	les deux	9	—	kg x 108	kg x 1.4	0,5	6	0,6	0,4	60
1-3	les deux	13	90	1400	22	0,7	9	0,8	0,8	100
4-6	les deux	19	110	1800	27	0,9	12	1,1	1,3	100
7-9	M	27	129	2200	33	1,1	14	1,3	1,6	100
	F	27	128	2000	33	1,0	13	1,2	1,4	100
10-12	M	36	144	2500	41	1,2	17	1,5	1,8	100
	F	38	145	2300	40	1,1	15	1,4	1,5	100
13-15	M	51	162	2800	52	1,4	19	1,7	2,0	200
	F	49	159	2200	43	1,1	15	1,4	1,5	200
16-18	M	64	172	3200	54	1,6	21	2,0	2,0	200
	F	54	161	2100	43	1,1	14	1,3	1,5	200
19-35	M	70	176	3000	56	1,5	20	1,8	2,0	200
	F	56	161	2100	41	1,1	14	1,3	1,5	200
36-50	M	70	176	2700	56	1,4	18	1,7	2,0	200
	F	56	161	1900	41	1,0	13	1,2	1,5	200
51	M	70	176	2300 [B]	56	1,4	18	1,7	2,0	200
	F	56	161	1800 [B]	41	1,0	13	1,2	1,5	200
enceinte				+300 [C]	+20	+0.2	+2	+0,3	+0,5	+50
nourrice				+500	+24	+0,4	+7	+0,6	+0,6	+50

Vitamine B$_{12}$ (ug)	Acide ascorbique (mg)	Vitamine A$_1$ (ug RE)	Vitamine D (ug cholécalciphérol) J	Vitamine E (mg atocophérol)	Calcium (mg)	Phosphore (mg)	Magnésium (mg)	Iode (ug)	Fer (mg)	Zinc (mg)
0,3	20 [H]	400	10	3	500 [L]	250 [L]	50 [L]	35 [L]	7 [L]	4 [L]
0,3	20	400	10	3	500	400	50	50	7	5
0,9	20	400	10	4	500	500	75	70	8	5
1,5	20	500	5	5	500	500	100	90	9	6
1,5	30	700	2,5 [K]	6	700	700	150	110	10	7
1,5	30	700	2,5 [K]	6	700	700	150	100	10	7
3,0	30	800	2,5 [K]	7	900	900	175	130	11	8
3,0	30	800	2,5 [K]	7	1000	1000	200	120	11	9
3,0	30	1000	2,5 [K]	9	1200	1200	250	140	13	10
3,0	30	800	2,5 [K]	7	800	800	250	110	14	10
3,0	30	1000	2,5 [K]	10	1000	1000	300	160	14	12
3,0	30	800	2,5 [K]	6	700	700	250	110	14	11
3,0	30	1000	2,5 [K]	9	800	800	300	150	10	10
3,0	30	800	2,5 [K]	6	700	700	250	110	14	9
3,0	30	1000	2,5 [K]	8	800	800	300	140	10	10
3,0	30	800	2,5 [K]	6	700	700	250	100	14	9
3,0	30	1000	2,5 [K]	8	800	800	300	140	10	10
3,0	30	800	2,5 [K]	6	700	700	250	100	9	9
+1,0	+20	+100	+2,5 [K]	+1	+500	+500	+25	+15	+1 [M]	+3
+0,5	+30	+400	+2,5 [K]	+2	+500	+500	+75	+25	+1 [M]	+7

Comité de la révision des normes alimentaires canadiennes, Bureau des Sciences diététiciennes, Santé et Bien-Être, Canada.

A Les recommandations tiennent compte des activités caractéristiques à chaque groupe d'âge.

B Ration d'énergie recommandée à l'âge de 66 ans + années réduites à 2000 pour les hommes et 1500 pour les femmes.

C Augmentation de la ration d'énergie recommandée pendant les 2e et 3e trimestres. Une augmentation de 100 kcal par jour est recommandée pendant le 1er trimestre.

D Ration de protéines de 2,2 g recommandée par kg du poids de bébés jusqu'à 2 mois et de 2,0 g par kg du poids des bébés de 3 à 5 mois. Les proportions de protéines recommandées pour bébés jusqu'à 11 mois supposent la consommation de lait de nourrice ou des protéines de qualité équivalente.

E Par 60 mg de tryptophane diététique un dérivé d'environ 1 mg de niacine est obtenu.

F Les recommandations sont basées sur les moyennes prévues de consommation quotidienne en protéines par les Canadiens.

G Les recommandations sont données en terme de folate libre.

H Il serait prudent de prévoir des niveaux considérablement plus élevés pour les nouveau-nés, pendant leur première semaine pour les protéger de la tyrosinémie post-accouchement.

I L'équivalent de un ug de rétinol (1 ug RE) correspond à une activité biologique des fonctions humaines équivalentes à 1 ug de rétinol (3,33 IU) et 6 ug B-carotène (10 IU).

J Un ug de cholécalciférol équivaut à une activité de 40 IU de vitamine D.

K La plupart des enfants plus âgés et les adultes reçoivent des vitamines D en suffisance par rayonnement. Néanmoins, 2,5 ug par jour est recommandé. Cette ration recommandée augmente à 5,0 ug par jour pour les femmes enceintes et les nourrices et pour les personnes enfermées à l'intérieur ou privées d'une façon quelconque des rayons du soleil pendant de longues périodes.

L Les quantités prises au sein par les nourrissons peuvent être inférieures à celles des doses recommandées mais sont considérées adéquates.

M Une dose totale recommandée de 15 mg par jour pendant la grossesse et l'allaitement présume une présence suffisante de réserves en fer. Si la suffisance de ces réserves est douteuse, une dose additionnelle est recommandée comme supplément à la réserve.

TABLEAU II

Mangez chaque jour des aliments choisis dans chacun de ces groupes

Les besoins énergétiques varient selon l'âge, le sexe et le type d'activité. Les menus équilibrés d'après le guide fournissent entre 1 000 et 1 400 calories. Pour augmenter l'apport énergétique, augmentez les quantités consommées ou ajoutez des aliments d'autres catégories.

LAIT ET PRODUITS LAITIERS

Enfants jusqu'à 11 ans	**2-3 portions**
Adolescents	**3-4 portions**
Femmes enceintes	
et allaitantes	**3-4 portions**
Adultes	**2 portions**

Prendre du lait écrémé, partiellement écrémé ou entier, du lait de beurre, du lait en poudre ou évaporé, comme boisson ou comme ingrédient principal dans d'autres plats. On peut également remplacer le lait par du fromage.

Exemples d'une portion
250 mL (1 tasse) de lait, yogourt ou fromage cottage
45 g (1½ once) de fromage cheddar ou de fromage fondu

Les personnes qui consomment du lait non enrichi devraient prendre un supplément de vitamine D.

PAIN ET CÉRÉALES 3-5 PORTIONS

à grains entiers ou enrichis. Choisir des produits à grains entiers de préférence.

Exemples d'une portion
1 tranche de pain
125 à 250 mL (½ à 1 tasse) de céréales cuites ou
prêtes à servir
1 petit pain ou muffin
125 à 200 mL (½ à ¾ tasse après cuisson)
de riz, de macaroni ou de spaghetti

VIANDE ET
SUBSTITUTS
2 PORTIONS

Exemples d'une portion
60 à 90 g (2 à 3 onces après cuisson) de viande
maigre, de volaille, de foie ou de poisson
60 mL (4 c. à table) de beurre d'arachides
250 mL (1 tasse après cuisson) de pois secs,
de fèves sèches ou de lentilles
80 à 250 mL (1/3 à 1 tasse) de noix ou de graines
60 g (2 onces) de fromage cheddar, fondu ou
cottage
2 oeufs

FRUITS ET
LÉGUMES
4-5 PORTIONS

Inclure au moins deux légumes.

Manger des légumes et des fruits variés — cuits,
crus ou leur jus. Choisir des légumes jaunes, verts
ou verts feuillus.

Exemples d'une portion
125 mL (½ tasse) de légumes ou de fruits
125 mL (½ tasse) de jus
1 pomme de terre, carotte, tomate, pêche,
pomme, orange ou banane,
de grosseur moyenne

Tableau III*

Les diverses sources de protéines, vitamines et minéraux

Principes nutritifs	Sources d'aliments	Fonctions
Amidons	Produits à grains entiers: céréales du déjeuner (gruau); riz, tapioca; tous les aliments faits de farine; pains, spaghetti, macaroni, nouilles, biscuits, tartines, gâteaux, pommes de terre; légumineuses comme les pois, les fèves.	Empêche • maigreur • nonchalance • fatigue
Sucres	Le sucre naturel; sucre de table, mélasse, sirop, miel, confiture, gelée, bonbons; desserts sucrés.	• colère Le sucre est en plus source d'énergie musculaire**
Graisses	*Sources d'origine animale:* bacon, toute viande grasse, lard, crème, beurre, fromage à la crème ou de lait entier, jaune d'oeuf. *Sources d'origine végétale:* vinaigrettes, mayonnaise, noix, chocolat.	• augmente l'intérêt dans le travail et le sport • favorise l'assimilation de certaines vitamines et minéraux • source d'énergie musculaire.
Protéines	*Sources d'origine animale:* lait de toutes sortes: en poudre, condensé, enrichi, etc.; fromages, volaille, poisson, viande. *Sources d'origine végétale:* pois secs, fèves, pains et céréales, noix et beurre d'arachides.	• augmente la force musculaire • accroît la vitalité • favorise la croissance • augmente la résistance à la fatigue mentale et physique et à la maladie.
Calcium	*Sources d'origine animale:* lait et mets faits au lait, fromages; jaune d'oeuf, saumon et sardines en boîtes (avec arêtes).	Nécessaire pour: • des os et des dents sains • le maintien des réflexes

---

* Ce tableau a été élaboré à partir de celui qui figure dans *Initiation à l'hygiène* de Jean-Guy Pépin et de celui de la Compagnie Heinz intitulé "Guide pour une meilleure alimentation".

** Pour fournir du travail, le muscle a besoin de sucres et de graisses. Il utilise même sa propre substance. Il consomme aussi beaucoup d'oxygène.

	Sources d'origine végétale: tous les légumes à feuillage vert, excepté les épinards et les feuilles de betterave; fèves soya.	nerveux et musculaires • la coagulation normale du sang • la prévention du rachitisme • la régulation des battements du coeur • l'équilibre nerveux • la formation de la substance grise du cerveau • le travail cérébral.
Phosphore	*Sources d'origine animale:* la viande en général, foie, poisson, oeufs, lait, fromage. *Sources d'origine végétale:* maïs, choux, fèves, blé entier, farine d'avoine, arachides, patates, pois, pruneaux.	Nécessaire pour: • des os solides et des dents saines • le métabolisme des protéines, des gras et des hydrates de carbone • l'activité de la reproduction cellulaire • la fonction "tampon" dans le sang et les muscles • l'équilibre nerveux • le travail cérébral.
Fer	*Sources d'origine animale:* viande maigre, foie, rognons, coeur, huîtres, jaune d'oeuf. *Sources d'origine végétale:* légumes verts, feuillus, grains entiers et pain enrichi, céréales, pommes de terre, fruits secs, mélasse, cassonade.	Nécessaire pour: • la formation de l'hémoglobine et des globules rouges du sang • la respiration des tissus et la distribution de l'oxygène • la formation de plusieurs enzymes oxydantes • la prévention de l'anémie • l'ambition, l'énergie, le goût de vivre, de penser et d'agir.
Potassium	*Sources d'origine animale:* la viande en général, foie, oeufs, lait, poissons, miel. *Sources d'origine végétale:* légumes feuillus, céleri, concombres, carottes, oignons, navets, tomates, patates, blé entier, gruau, noix, ananas, bananes, dattes, figues, cerises, fraises, pêches, poires, pruneaux, raisins.	Nécessaire pour: • la digestion et l'assimilation • la formation des cellules du sang • les muscles, les nerfs, les glandes.

N.B. Les bananes sont très riches en potassium

Iode

Sources d'origine animale: poissons de mer et crustacés.

Sources d'origine végétale: fruits et légumes récoltés dans des sols ayant une bonne teneur en iode.

Autre source: le sel iodé.

Exerce:
• une action sur les glandes, surtout sur la thyroïde
• une influence sur le caractère et les activités de l'esprit.

Magnésium

Sources d'origine animale: la viande maigre, huîtres, crustacés, oeuf, lait, miel.

Sources d'origine végétale: betteraves, carottes, épinards, céleri, choux, pommes de terre, haricots verts, haricots secs, avoine, blé entier, arachides, noix, amandes, bananes, dattes, pruneaux, oranges, poires, pêches.

Nécessaire pour:
• la croissance et l'entretien des muscles et des os
• la formation du squelette et des humeurs
• la régénération de la substance fibreuse des nerfs (avec le phosphore).

Cuivre

Sources d'origine animale: foie, oeufs, bacon.

Sources d'origine végétale: pois secs, fèves sèches, céréales entières, champignons, chocolat, légumes en général, bananes, dattes.

Nécessaire pour:
• la formation des globules rouges (avec le fer)
• prévenir l'anémie
• la formation d'enzymes oxydantes.

Sodium

Sources d'origine animale: oeufs, lait.

Sources d'origine végétale: germe de blé, orge, avoine, riz, haricots verts, maïs, châtaignes, dattes.

Autre source: le sel iodé.

(Selon nombre de physiologues, les aliments en contiendraient en quantité suffisante pour satisfaire aux besoins de l'organisme)

Nécessaire pour:
• stimuler l'appétit
• activer les sécrétions du système digestif
• permettre au liquides de mieux traverser les organes circulatoires.

Soufre

Sources d'origine animale: la viande en général, lait, oeuf, poisson.

Sources d'origine végétale: légumes en général, maïs, choux, oignons, patates, blé entier, farine d'avoine, noix, dattes, figues.

Nécessaire pour:
• le bon état de la peau (action nettoyante et purifiante) des cheveux et des ongles
• toutes les cellules du corps qui demandent du soufre.

Vitamine A

Sources d'origine animale: huile de foie de poisson, foie, jaune d'oeuf, crème, beurre, lait entier, fromage de lait entier ou de crème.

Nécessaire pour:
• la croissance
• la grossesse et l'allaitement

Sources d'origine végétale: légumes jaunes et verts, maïs, carottes, citrouilles, bananes, melons, pêches, abricots, pruneaux.

Destruction par la cuisson: très faible.

- le maintien d'un bon appétit et d'une digestion normale
- le fonctionnement normal du système nerveux
- le métabolisme des hydrates de carbone
- la condition normale et saine de la peau et des yeux
- la résistance aux infections.

Vitamine B 1 (Thiamine)	*Sources d'origine animale:* viandes maigres, le porc et le jambon, foie, coeur, rognons, huîtres, lait, oeufs. *Sources d'origine végétale:* céréales, pain à grains entiers ou enrichi, germe de blé, noix, fèves soya, pois, épinards, asperges, pommes de terre, tomates, levure de bière. *Destruction par la cuisson:* 10 à 25% de perte par la chaleur; jusqu'à 50% de perte dans l'eau.	Nécessaire pour: • la croissance • la grossesse et l'allaitement • le maintien d'un bon appétit et d'une digestion normale • le fonctionnement normal du système nerveux (cas de dépression nerveuse et de tension émotive) • l'activité cardiaque et vasculaire • la capacité de concentration • le métabolisme des hydrates de carbone • la prévention du béribéri.
Vitamine B 2 ou G (riboflavine)	*Sources d'origine animale:* poisson, rognons, coeur, foie, fromage, jaune d'oeuf, lait. *Sources d'origine végétale:* pain à grains entiers, céréales, légumes verts feuillus, beurre d'arachides, germe de blé, levure de bière. *Destruction par la cuisson:* aucune perte par la chaleur; il peut y avoir perte sérieuse dans l'eau de la cuisson; détruite par la lumière solaire.	Nécessaire pour: • la croissance et la reproduction • la durée maximum de la vie • l'activité normale des cellules (oxydation cellulaires) • le fonctionnement normal du système nerveux • la condition normale de la peau et des yeux (fissures aux commissures des lèvres, ulcères à la langue, sensibilité à la lumière).

Acide nicolinique (ou niacine vitamine PP)	*Sources d'origine animale:* foie de porc, coeur, rognons, poisson, volaille. *Sources d'origine végétale:* pain à grains entiers ou enrichi, céréales, fèves soya, haricots, pois secs, amandes, noix, levure de bière, germe de blé. N.B. La levure de bière constitue la plus haute richesse du complexe des vitamines B. *Destruction par la cuisson:* aucune perte par la chaleur; il peut y avoir perte sérieuse dans l'eau de cuisson.	Nécessaire pour: • la croissance • le métabolisme • la fonction normale de l'appareil gastro-intestinal • la fonction normale des tissus cutanés • la joie de vivre (utile dans la thérapeutique des psychonévroses et de la dépression mentale).
Vitamine C	*Sources d'origine animale:* se trouve en très grande quantité dans les produits animaux comme le foie, les rognons, le lait. *Sources d'origine végétale:* agrumes frais ou congelés (oranges, pamplemousses, citrons, limes), cantaloups, melons, framboises, fraises, pommes crues, tomates fraîches ou en conserve, choux crus, piments verts crus, pommes de terre (au four ou bouillies avec pelure), brocolis, persil, épinards, navets, radis, rhubarbe. *Destruction par la cuisson:* perte considérable si les aliments sont exposés à l'air; peu de perte par les procédés commerciaux de mise en conserve; forte perte dans l'eau de cuisson.	Nécessaire pour: • la croissance • la prévention du scorbut • des dents, des gencives et des os sains • le maintien de l'intégrité des parois capillaires • le métabolisme de certains amino-acides • la résistance aux infections microbiennes • combattre la fatigue physique et intellectuelle.
Vitamine D	*Sources diverses:* huile de poissons (morue, flétan), aliments irradiés (lait, céréales, etc.), jaune d'oeuf, exposition au soleil. *Destruction par la cuisson:* aucune.	Nécessaire pour • des dents saines et des os solides • le métabolisme du calcium et du phosphore. • le rachitisme • l'énergie.
Vitamine E	*Sources d'origine animale:* foie, oeufs. *Sources d'origine végétale:* germe de blé, salade, huile de maïs. *Destruction par la cuisson:* aucune.	Nécessaire pour: • la reproduction et la jeunesse • lutter contre l'asthme, le diabète • stimuler l'action glandulaire (surtout de l'hypophyse).

Vitamine K	*Sources d'origine animale:* foie.	Nécessaire pour:
	Sources d'origine végétale: épinards, choux, choux-fleurs, tomates, fèves soya, avoine, son de blé.	• la coagulation du sang
	Destruction par la cuisson: aucune.	

Chapitre IV

La transformation des aliments en énergie dans le corps humain

(La digestion)

"Le ventre, c'est le centre productif de notre vie, c'est là aussi que tous les maux ont leur source."

Vieux proverbe chinois

"La digestion est, de toutes les opérations corporelles, celle qui influe le plus sur l'état moral de l'individu".

Jean TREMOLIERE

La digestion

Il n'est pas de partie de notre organisme qui ne manifeste davantage nos états d'âme que notre système digestif. Il est le siège de nos contradictions, de nos angoisses comme de nos espérances. Nous sommes souvent tristes, gais, taciturnes, loquaces, tout dépendant de la manière dont se fait notre digestion. Aussi, pour mieux vivre, est-il important d'avoir quelques notions sur la nature et le fonctionnement de notre appareil digestif.

On dira peut-être qu'il n'est pas absolument nécessaire de connaître le processus digestif ou le métabolisme* des aliments pour digérer. Il est certain que *la connaissance de l'appareil digestif peut modifier certaines habitudes alimentaires.* Par exemple, celui qui sait comment s'élabore le travail de la digestion ne va pas s'adonner à un travail physique ou intellectuel rigoureux immédiatement après le repas. Phénomène curieux, on connaît souvent mieux la mécanique de son auto que celle de son corps.

Mieux connaître son organisme pour mieux l'utiliser

Connaître la valeur énergétique des aliments, c'est bien. Mais l'important ne se joue vraiment qu'à partir du moment où les aliments entrent dans la bouche. C'est alors que commence *ce phénomène aussi important qu'extraordinaire qu'est celui de la digestion.* Important, parce qu'on a beau manger les aliments de la plus haute teneur énergétique, si l'organisme ne les assimile pas, cela ne vaut rien. Extraordinaire, parce qu'il s'agit dès lors d'un véritable travail chimique qui se déroule dans ce merveilleux laboratoire qu'est le système digestif.

Comment les aliments se transforment-ils en énergie?

Répondre à cette question c'est pénétrer au coeur de la mystérieuse chimie de l'organisme; c'est aller au principe même de la conservation de la vie et de la production de l'énergie humaine. Ce mystérieux travail se nomme *la digestion et l'absorption.*

---

* On appelle *métabolisme* l'ensemble des réactions chimiques qui se produisent dans un organisme vivant.

La *digestion* est le point de départ de la nutrition. Son rôle est de préparer les matériaux de base prélevés dans le milieu extérieur (glucides, lipides, protides, vitamines, sels minéraux et eau) pour leur utilisation par le corps humain.

Le rôle de l'appareil digestif est de transformer ces matières premières dans le milieu intérieur, le corps, où elles seront distribuées aux tissus, grâce à la circulation sanguine. Mais auparavant, elles subissent une série de transformations en cheminant à travers le tube digestif (bouche, oesophage, estomac, intestin grêle, côlon, rectum) où elles sont soumises à l'action des glandes annexes (glandes salivaires, et certaines parties du foie et du pancréas).

Cette transformation est nécessaire pour une raison bien simple. Quand les aliments sont avalés, ils sont en morceaux relativement volumineux qui ne peuvent, il va s'en dire, traverser les membranes cellulaires. Pour pouvoir être utilisés, les aliments doivent être décomposés en molécules plus petites. *Cette décomposition s'appelle la digestion.*

Le travail de la digestion s'effectue par l'action chimique d'un acide et de plusieurs enzymes sécrétés par le tractus intestinal et ses glandes annexes. De plus, il existe dans notre tube digestif, surtout dans le gros intestin, toute une *flore bactérienne très utile à la décomposition des substances organiques.* Ces bactéries, tout en se nourrissant des matières organiques, synthétisent certaines autres substances comme les vitamines, fort utiles à leur hôte.

Une fois le travail de décomposition terminé, les petites molécules provenant de la digestion traversent la barrière intestinale et pénètrent les vaisseaux sanguins ou lymphatiques. Ce processus s'appelle *l'absorption intestinale.* Les molécules ainsi assimilées servent à construire les tissus et à produire de l'énergie utilisable. Notons que tant qu'il n'y a pas eu absorption, les aliments sont encore à l'extérieur de l'organisme.

La digestion, une action
à la fois mécanique et chimique

Le travail mécanique est assuré par les dents. Leurs fonctions essentielles sont de mordre pour prélever une bouchée d'aliments, de

L'appareil digestif de l'Homme.

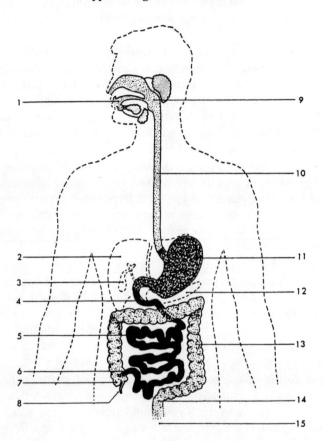

1. Bouche.
2. Foie.
3. Vésicule biliaire.
4. Duodénum.
5. Jejunum.
6. Iléon (4, 5 et 6 formant l'intestin grêle).
7. Caecum.
8. Appendice.

9. Pharynx.
10. Oesophage.
11. Estomac.
12. Pancréas.
13. Côlon ou gros intestin.
14. Rectum.
15. Anus.

(Tiré de *L'Homme dans son milieu*)

mastiquer pour broyer et réduire cette bouchée en fragments suffisamment petits pour pouvoir être déglutis. Les contractions musculaires le long du tube digestif jouent aussi un rôle *mécanique* tout comme les dents. Ils brassent les aliments et assurent leur progression vers le gros intestin. C'est le mouvement péristaltique.

Les aliments subissent ensuite une action *chimique*. Cette action se fait grâce à des enzymes contenues dans les *sucs digestifs* sécrétés par les glandes digestives. Sous l'effet de ces enzymes — qui jouent le rôle d'outils de désintégration —, les aliments font l'objet de diverses transformations chimiques.

Les sucs digestifs servant à la digestion des aliments sont successivement: la salive, le suc gastrique, le suc pancréatique et le suc intestinal. La bile, ne contenant pas d'enzymes, n'est pas un suc digestif, bien qu'elle ait un rôle dans la digestion. Il est à remarquer que toutes les réactions de digestion sont des *hydrolyses*, c'est-à-dire des fragmentations moléculaires effectuées à l'aide de l'eau.

Les trois niveaux de digestion

La digestion buccale

La salive est responsable de la digestion buccale*. Elle imprègne les aliments mastiqués et les ramollit. Le *mucus* qu'elle contient sert de lubrifiant pour faciliter la descente de la nourriture dans l'oesophage. De plus, elle renferme une enzyme, *l'amylase salivaire* ou *ptyaline*, qui décompose *l'amidon*.

L'amidon est le seul aliment que la salive peut digérer et encore doit-il être cuit. D'où l'importance de bien imprégner de salive les aliments contenant de l'amidon (céréales, pain, pâtisseries, carottes, pommes de terre, pois, fèves, etc.). La digestion buccale est donc limitée, et de plus l'action de la salive est arrêtée par l'acidité du suc gastrique de l'estomac.

---

* La salive contient 99% d'eau; des sels minéraux et quelques protéines forment le dernier 1%.

La digestion gastrique

Le suc gastrique est un liquide renfermant de *l'acide chlorhydrique* (HCL) et deux enzymes principales: la *présure* (ou *rennine*) et la *pepsine*. Dès la première bouchée d'un repas, et même avant, l'estomac entre en activité en sécrétant du suc. Le travail est amorcé par le système nerveux, une fois le cerveau excité par la vue, l'odeur ou simplement la pensée de la nourriture. Qu'il y ait ou non des aliments en perspective, l'estomac réagit toutes les trois ou quatre heures, se contractant sous l'effet d'un réflexe. Ce phénomène correspond à ce qu'on appelle familièrement les crampes de la faim. On estime qu'il faut environ quatre heures pour absorber un repas, ce qui justifie notre habitude alimentaire des trois repas par jour.

L'agent responsable de ce travail est l'acide chlorhydrique. La puissance de cet acide est extraordinaire; pratiquement rien ne lui résiste. Baignés dans ce liquide et pétris par les brassages de l'estomac, les aliments les plus coriaces sont bientôt transformés en une bouillie pâteuse appelée *chyme stomacal*. Les enzymes du suc gastrique (*présure* et *pepsine*) participent à cette dégradation chimique. La *présure* assure la coagulation de la caséine du lait, pendant que la *pepsine* amorce la digestion des protéines en les transformant, par dédoublements successifs, en *albumoses* et en *acides aminés*.

Il faudrait évoquer ici un paradoxe biologique assez curieux concernant le phénomène de la digestion: comment l'estomac, qui digère les viandes, peut-il résister au puissant acide chlorhydrique? Pour connaître la réponse, il faut considérer la présence du mucus qui tapisse les parois de l'estomac. Ce mucus, extraordinairement résistant, s'accommode des aliments les plus "irritants" comme les piments, le curry et le vinaigre qui sont cependant encore moins irritants que le suc gastrique lui-même contre lequel le mucus se défend tout aussi bien.

Sous l'influence de causes, très souvent psychiques (tracas, stress, etc.), l'excès d'acide peut venir à détériorer des parties de l'estomac ou, ce qui est fréquent, du duodénum occasionnant ainsi des brûlures ou des ulcères d'estomac.

La digestion intestinale

L'intestin grêle est le lieu où se fait l'essentiel de la digestion. En effet, le *suc pancréatique* et le *suc intestinal*, aidés par la *bile*, peuvent attaquer toutes les catégories d'aliments: glucides, lipides et protides. Même l'amidon cru peut être décomposé en maltose. La digestion terminée, l'intestin grêle contient un mélange blanchâtre appelé *chyme intestinal* ou *chyle*.

Conclusion

La connaissance de ces lois élémentaires de la digestion peut jouer un rôle important dans l'activité et la santé de l'homme en général. Il importe de favoriser le plus possible le travail de l'organisme. Si l'apport en éléments vitaux est faible et si les étapes du processus digestif sont gênées ou ne se font pas dans les conditions idéales pour l'organisme, des effets comme la fatigue chronique, les lourdeurs d'estomac et autres maladies seront très vite ressentis.

L'organisme ne peut faire son travail de digestion et d'absorption que moyennant certaines conditions lui permettant de profiter au maximum de l'énergie ingérée.

Chapitre V

Comment tirer
le maximum d'énergie
des aliments

"Y a-t-il quelque volupté qui me chatouille, je ne la laisse pas friponner aux sens; j'y associe mon âme, non pas pour s'y engager, mais pour s'y agréer; non pas pour s'y perdre, mais pour s'y trouver."
                                    MONTAIGNE

Les règles qui favorisent la digestion

Ce que nous enseigne la sagesse

L'alimentation et la digestion ont constitué, au cours de l'histoire des peuples, un phénomène humain assez important pour que des philosophies et même des religions en tiennent compte dans leur conception de l'existence. La loi religieuse juive et musulmane, par exemple, possèdent chacune un code régissant des habitudes très strictes sur l'alimentation, sur la façon de manger et sur le jeûne.

Mais la pensée la plus intéressante là-dessus nous vient du Hatha-Yoga. D'une expérience pluriséculaire, la sagesse yogique enseigne ceci: *nourriture strictement nécessaire, mastication lente et attentive, repas pris seul et dans le silence.* Ces principes serviront de guides dans la formulation des règles de la bonne digestion.

Éviter le surmenage de l'estomac

Le docteur Paul Chauchard écrit: "L'homme s'est habitué à manger sans faim et à boire sans soif, et le but principal de la cuisine est précisément d'empêcher l'arrêt de l'alimentation par rassasiement. Nous ne tenons plus compte des automatismes organiques et nous avons ainsi perdu le pouvoir de rechercher de façon innée ce dont nous avons besoin (comme le fait l'animal). Faim et soif ou plutôt les comportements alimentaires ont un déterminisme physiologique analogue".[1]

Les affections des organes de la digestion sont souvent dues à leur surmenage. L'estomac et l'intestin se fatiguent par un travail trop prolongé sur des aliments ingérés en trop grande quantité ou insuffisamment mastiqués. Rien n'est plus nuisible, en effet, au corps humain que la "surcharge" de nourriture. L'admirable usine que représente notre organisme n'arrive plus à brûler l'excès de graisse de quelque nature que ce soit (huiles diverses, saindoux, graisses animales, beurre, sauces, fritures). Il en est de même pour la surconsommation de sucreries.

La surconsommation entraîne un phénomène courant: on se sent aussi et même plus fatigué que si on n'avait pas mangé. Et comme on se sent fatigué, on est porté à manger encore davantage et plus souvent. La raison c'est que notre corps travaille tellement pour digérer qu'il s'épuise. Résultat: on n'a plus d'énergie pour faire autre chose.

Il est donc capital que *la quantité de nourriture soit proportionnée aux capacités digestives individuelles*. Une règle simple est de suivre son appétit et de rester un peu sur sa faim à chaque repas, ou de ne pas se mettre à table avant que l'estomac ait fini d'évacuer les aliments du repas précédent. Quand vous prenez un gros repas, observez ce conseil judicieux: laissez-en passer un pour refaire l'équilibre.

Les aliments sont de digestibilité variable. Nous savons, par exemple, que les aliments gras séjournent plus longtemps dans l'esto-

---

1. Paul Chauchard, *Précis de biologie humaine,* P.U.F., Paris 1966, pp. 358-359.

mac que les aliments protéiques. Les aliments à digestion relativement longue comme les légumineuses ou les aliments trop riches en
déchets cellulosiques doivent être pris à dose modérée.

Temps approximatif que mettent
quelques aliments pour être
évacués de l'estomac [2]

Nombre d'heures	Aliments
1 h	riz bouilli
1 h 30	oeuf cru — truite — saumon frais — gruau
2 h	foie de boeuf grillé
2 h	lait cru — oeuf frais à la coque
	dinde — navet bouilli — pommes de terre frites —
2 h 30	gâteau bien cuit
2 h 45	tarte au four — boeuf bouilli
3 h	huîtres fraîches — soupe aux légumes
3 h 15	carottes bouillies — saucisses grillées — bifteck
3 h 30	poisson frit — fromage — oeuf frit et dur
4 h	poule bouillie — boeuf frit
5 h	porc entrelardé rôti.

En conclusion, il faut admettre *que nous vivons, non pas de ce
que nous mangeons, mais uniquement de ce que nous digérons.* Et de
cela même dépend tout l'état de notre organisme. L'estomac et les
autres organes de la digestion ont donc besoin de se reposer de temps
en temps. Ayons pitié d'eux. Ne les obligeons pas à travailler sans
arrêt. Leur fatigue rejaillirait sur tout l'organisme. D'où la règle
minimum de santé qui consiste à ne pas manger entre les repas, et
à prendre ses repas à heure fixe, en les espaçant les uns des
autres.

L'importance des trois repas

Les spécialistes en nutrition sont unanimes sur l'importance
relative des trois repas; le plus important doit être celui du matin: il

---

2. Jean-Guy Pépin, *Initiation à l'hygiène,* C.P.P., Montréal 1957, p. 78.

compense le jeûne de la nuit et assure l'énergie nécessaire pour accomplir le travail de l'avant-midi. À ce titre, il doit être constitué surtout de protéines (oeufs, lait, céréales). Un vieux dicton résume bien l'attitude à adopter à ce sujet: *il faut déjeuner comme un roi, dîner comme un prince et souper comme un mendiant.*

Il faut bien mastiquer les aliments

Le mouvement péristaltique est réflexe, indépendant de la volonté, tandis que la mastication est absolument volontaire. Voilà pourquoi cette dernière est si souvent négligée sinon oubliée.

Que se passe-t-il lorsque nous mangeons trop vite ou avalons précipitamment nos aliments? Lorsque nous ne mastiquons pas suffisamment, les sécrétions de salive se trouvent réduites. Or, nous savons l'importance de la salive qui rend les aliments plus digestibles, et les imprègne de ferment digestif. La digestion des hydrates de carbone, par exemple, commencent dans la bouche. On aura donc soin de bien mâcher la nourriture, surtout les féculents (pain, riz, légumineuses, etc.) qui ont besoin d'être bien imprégnés de salive pour être convenablement digérés. Si le premier travail de digestion n'est pas fait, les autres parties du système digestif sont irritées et doivent compenser par un travail supplémentaire, ce qui fatigue inutilement l'organisme.

De plus, par la mastication, on broie les aliments en fines particules, en exposant ainsi une plus grande part à l'action des sécrétions digestives. *Il faut mastiquer vos boissons et boire vos aliments*, enseignait un ascète hindou.

On peut trouver une excellente motivation à adopter l'attitude proposée ici dans ce texte du docteur Robert Coessens: "Il faut insaliver, mastiquer et réduire les aliments en bouillie au point de les fluidifier. On peut réduire de la sorte sa ration alimentaire et libérer en faveur des activités supérieures (activités cérébrales, sociales et spirituelles) le travail physiologique simplifié par cette "prédigestion" du bol alimentaire. Les ascètes hintous pratiquent cette méthode, dite "vivifiante" depuis des millénaires. On n'y parvient d'ailleurs qu'après un entraînement méthodique et soutenu en appliquant la méthode essentielle pour conquérir une nouvelle habitude: exagérer au début dans le bon sens. Ne boire qu'à la fin des repas pour ne pas diluer les sucs digestifs".[3] Le but de ce travail est de pouvoir disposer de l'énergie retenue et accumulée par cette véritable discipline masticatoire. Les effets bienfaisants se font sentir non seulement sur le plan biologique, mais aussi sur les activités de l'esprit et sur l'équilibre humain en général.

Il faut goûter les aliments

Les expériences de plusieurs physiologues ont démontré l'importance du "goûter" dans le phénomène de la digestion. Si un aliment flatte le goût, il active la sécrétion des sucs digestifs par un réflexe psychique.

Nous avons vu que les sécrétions de sucs gastriques commencent dans l'estomac aussitôt que la bouche a goûté les aliments et apprécié leur saveur. Lorsque le goût n'a pas, ou qu'une très faible part dans le processus digestif, les sécrétions de sucs gastriques se produisent en quantité insuffisante, des fermentations anormales se produisent dans l'estomac et les intestins et des microbres pathogènes pullulent par millions dans le foie et le suc du pancréas. Tout ce qui réduit le pouvoir digestif, tout ce qui ralentit les opérations de la digestion, tout ce qui suspend temporairement la fonction digestive, favorise l'activité bactérienne.

Consommer beaucoup de yogourt

Pour assurer une bonne digestion et favoriser la santé en général, il faut insister sur la consommation de cet aliment absolument extraordinaire que l'on appelle le yogourt; il est considéré par

---

3. Robert Coessens, *Hygiène moderne des intellectuels.* Belgique, Michiels, s.d.

des microbiologistes comme "un des meilleurs aliments à la disposition des humains".[4] Pourquoi?

Le yogourt a non seulement une valeur nutritive et biologique particulière, mais constitue en outre un excellent agent prophylactique et thérapeutique. Les recherches les plus récentes démontrent en effet que le yogourt améliore la digestion, refait la flore intestinale et favorise l'assimilation du calcium.

En Europe, lorsque quelqu'un prend des antibiotiques, il est de pratique courante, chez les médecins, de recommander à leurs patients de consommer de grandes quantités de yogourt. Cela se fait assez peu souvent ici et pourtant, le yogourt est bénéfique parce qu'il contribue à refaire largement la flore intestinale détruite par les médicaments.

Sur le plan alimentaire, la valeur nutritive du yogourt varie selon sa composition car il peut être fabriqué avec du lait fortifié, du lait entier, du lait à 2% de gras ou du lait écrémé. Au naturel, c'est un aliment bien équilibré qui contient des protéines complètes, du lactose (le sucre du lait) et des matières grasses, ainsi que toutes les matières minérales du lait, calcium, phosphore et vitamines.

Concernant les vitamines, ajoutons que le yogourt est très riche en vitamines du groupe B fabriquées dans l'intestin par les bactéries du yogourt. Or, on sait que les vitamines du groupe B jouent un grand rôle dans l'assimilation par l'organisme des aliments à caractère énergétique. Le yogourt constitue donc un atout extraordinaire pour la digestion. Prenez l'habitude d'en consommer chaque matin ou en collation. Rappelons qu'il existe de nombreuses recettes à base de yogourt.

Créer une atmosphère agréable et de détente pendant les repas

Il faut souligner l'importance des impressions sensorielles ou psychiques dans le phénomène de la digestion. La sécrétion du suc

---

4. Propos de M. Édouard Brochu, microbiologiste, président et membre de l'Institut Rosell, recueillis par Renée Rowan, "Les atouts du Yogourt", *Le Devoir,* 21 mars 1979.

gastrique peut être entravée par la vue, l'odeur et la saveur d'un aliment de mauvaise qualité et aussi par les émotions, les préoccupations et, d'une façon générale, par toutes manifestations affectives.

Par exemple quand je me fâche, mon système digestif s'arrête. Le même phénomène se produit quand j'ai peur. Si j'arrive à table mal disposé et que je commence à penser ou à parler de choses qui m'énervent, je nuis par le fait même à ma digestion. Si je prends l'habitude le matin, le midi et le soir de me faire du souci ou de me mettre en colère, je serai toujours incapable de bien digérer.

Les mouvements du système digestif, les sécrétions glandulaires et la circulation du sang sont ralentis et peuvent même se trouver presque complètement interrompus sous le coup d'émotions négatives; de plus, cet effet est proportionnel à l'intensité de ces émotions. Le foie se contracte également et secrète une trop faible quantité de bile, ce qui entraîne une mauvaise digestion. Si cela se répète très souvent et durant des périodes prolongées, il se produit inévitablement des troubles divers du système digestif, tels que l'appendicite, la dyspepsie, les ulcères de l'estomac, du duodénum, de l'intestin, les excès de bile, la jaunisse, les indigestions, etc.

Ce qui nous amène à la conclusion suivante: *lorsque vous êtes triste ou irrité, anxieux, effrayé ou inquiet, et que vous mangez, vous digérez toujours mal parce que vos fonctions digestives sont dérangées par les émotions.*

Le repos après les repas

Le repos après le repas est indispensable à la bonne digestion. La physiologie même de l'organisme l'exige. Dès que l'estomac a reçu des aliments, une certaine partie de l'énergie nerveuse de même qu'une proportion considérable de la masse sanguine sont mobilisées pour la digestion. Donc, si immédiatement après le repas, et à plus forte raison pendant que vous mangez, vous vous adonnez à un travail intellectuel intense ou à des exercices musculaires violents, ce sont le cerveau et les muscles qui canaliseront l'énergie nerveuse et la masse sanguine. Cet afflux de sang au cerveau ou aux muscles se fera évidemment au détriment des glandes digestives. Vous aurez alors la sensation que "votre repas vous sera resté sur l'estomac", ce qui par ailleurs traduit bien la réalité.

La sieste après les repas?

Pendant le sommeil, la digestion se continue au ralenti. Cela est dû à l'état d'inconscience dans lequel nous nous trouvons et qui nous soustrait aux sollicitations extérieures. À l'état de veille, ces sollicitations accélèrent les processus biologiques comme la respiration, les battements du coeur et la circulation du sang qui conditionnent les sécrétions des glandes. Voilà pourquoi nous nous sentons si souvent mal en point après une sieste prolongée qui a suivi immédiatement un repas. Il n'est donc pas bon de se coucher pour dormir tout de suite après avoir mangé. Il est préférable de s'allonger confortablement sur son lit ou de se caler dans un fauteuil en se relaxant et en chassant de sa conscience toute idée absorbante.

Manger le soir avant de se coucher?

Normalement le repas du soir devrait être léger, mais assez soutenant pour mener l'organisme jusqu'au matin sans fringale. Un repas trop lourd empêche de dormir calmement; par contre, se mettre au lit l'estomac vide n'est pas mieux, car la faim provoque l'insomnie.

Plusieurs conseillent, pour favoriser la détente et le sommeil, de prendre du lait chaud avant de se coucher, ou mieux, du lait malté dont les propriétés sédatives et soporifiques sont connues.

Le repas doit être une célébration

En conclusion à cette partie, je vous propose de lire cette page de l'écrivain soviétique Soljénitsyne qui décrit l'acte de manger comme une "célébration" du mystère de la vie. Quelle façon sublime de considérer une action, en apparence banale, mais combien importante dans l'existence.

Pour comprendre la nature du bonheur, il faut d'abord analyser la satiété. Tu te rappelles la Loubyanka? Tu te rappelles cette soupe d'orge diluée ou cette bouillie au gruau d'avoine sans une once de

matière grasse? Peux-tu dire que tu manges une chose pareille?
Non, tu communies avec. Tu la prends comme un sacrement! C'est
comme le "prana" des yogis. Tu le manges lentement du bout de la
cuillère de bois, tu le manges en t'absorbant totalement dans le
processus de manger, en pensant au fait de manger... Et cela se
répand à travers ton corps. Tu trembles en sentant la douceur qui
s'échappe de ces petits grains trop cuits et du liquide opaque dans
lequel ils flottent. Et puis, sans presque aucune nourriture, tu conti-
nues à vivre six mois, douze mois. Peux-tu vraiment comparer ça
avec la façon grossière dont on dévore les steaks?...

C'est ainsi que dans nos pauvres carcasses, nous apprenons la
nature de la satiété. La satiété ne dépend absolument pas de la quan-
tité que nous mangeons, mais de la façon dont nous mangeons... Qui-
conque est capable de contentement sera toujours satisfait.[5]

La signification que confère Soljénitsyne à "l'acte de manger" contraste singulièrement avec nos attitudes alimentaires parfois gloutonnes, où nous mangeons tantôt pour nous débarrasser
d'une corvée, tantôt par caprice, souvent dans le seul but de satisfaire
notre appétit ou de nous rassasier.

Pouvons-nous considérer un seul instant que cet acte et ceux
qu'il suppose, comme goûter et mastiquer, font partie d'un rite
essentiel et sacré: celui qui perpétue la vie, la maintient et la renouvelle? À travers cette communion intime avec l'aliment, on atteint la
véritable "satiété" qui est plénitude de l'être. J'ose penser qu'il pourrait en être ainsi avec toutes les autres actions qui ont un lien direct
avec la vie.

Les bonnes combinaisons alimentaires

Il faut rattacher aux règles de la digestion, celles des bonnes
combinaisons alimentaires. Précisons tout de suite que cette théorie

---

5. Alexandre Soljénitsyne, *Le Premier Cercle*, Robert Laffont, chap. VIII, page 40.

n'est pas acceptée par tous. Elle compte cependant de nombreux adeptes recrutés surtout chez les naturistes.

J'ai fait l'expérience des bonnes combinaisons alimentaires pendant plusieurs années à la suite de lourdeurs chroniques d'estomac et de mauvaise digestion. Plusieurs médecins consultés ne réussissaient pas à guérir mes malaises. Mon système organique, il est vrai, ne donnait aucun signe perceptible de défaillance fonctionnelle. Je réussis cependant à surmonter mes problèmes digestifs grâce à cette pratique de bonnes combinaisons alimentaires.

La théorie du docteur Shelton

La théorie des bonnes combinaisons alimentaires a été diffusée aux États-Unis par le célèbre docteur Herbert Shelton dans un livre qui a connu quatre éditions depuis sa première parution en 1955.[6]

Le docteur Shelton explique comme suit le problème posé par le fait d'ingérer n'importe quel type d'aliments en même temps, portant ainsi un rude coup aux merveilleux livres de recettes qui foisonnent sur le marché:

À quoi sert, écrit-il, *de consommer chaque jour le nombre de calories théoriquement calculé, quand l'aliment fermente et se putréfie dans le système digestif?* Que gagne-t-on à absorber en abondance les protéines convenables, alors que celles-ci se putréfient dans le canal gastro-intestinal? Des protéines ainsi rendues impropres à leur entrée dans l'organisme ne libèrent pas d'acides aminés. Quel avantage peut-on recevoir d'aliments richement vitaminés si ceux-ci sont décomposés dans l'estomac et les intestins? Les aliments ainsi putréfiés ne fournissent pas de vitamines au corps. De quelle valeur nutritive peut être une alimentation chargée en minéraux, si ses constituants pourrissent dans le canal digestif? Les aliments ainsi rendus impropres ne fournissent pas de minéraux au corps.

---

6. Herbert M. Shelton, *Les combinaisons alimentaires et votre santé,* Éditions de LA NOUVELLE HYGIÈNE, "Le courrier du Livre", Paris, 1968. (Traduit de "Food combining made easy" par René Bertrand).

Les hydrates de carbone qui fermentent dans le système digestif sont convertis en alcool et acide acétique, et non en monosaccharides. Les graisses qui rancissent dans l'estomac et les intestins ne fournissent au corps ni acides gras ni glycérol. *Pour nourrir, les aliments doivent être digérés; il ne doivent pas pourrir.*

Une théorie qui respecte
la chimie de l'organisme

En fait, la théorie des bonnes combinaisons alimentaires telle qu'exposée par le docteur Shelton repose sur la chimie même de l'organisme. Nous avons vu que la digestion des aliments, selon leurs matières composantes, s'opère à trois niveaux différents: la bouche, l'estomac, l'intestin. Ainsi, les céréales, tous les aliments composés de farine et les légumes féculents commencent à être digérés dans la bouche et terminent leur transformation dans l'intestin. La viande, le poisson, le lait, le fromage, les noix, les légumes verts, les sucres, les matières grasses, sont digérés dans l'intestin.

Certes, ce n'est pas par une simple fantaisie de la nature que ces divers aliments ont ainsi des voies différentes de digestion. Cela tient a) à *l'espèce chimique* des éléments qui les composent et aussi b) aux combinaisons des *sucs digestifs* propres à ceux-ci. En effet, ces sucs sont sécrétés par des glandes situées précisément soit dans la bouche, soit dans l'estomac, soit dans l'intestin, et ils ont les uns sur les autres des réactions compliquées, délicates, *qui conditionnent précisément les phénomènes de la digestion.*

Comme nous l'avons vu au chapitre IV, le premier de ces sucs digestifs, la *ptyaline*, se trouve dans une des trois espèces de salive de la bouche. Ainsi, il existe une sécrétion essentiellement alcaline provoquée par la mastication des matières féculentes; c'est dire que si du pain, du gâteau, des céréales, etc. sont avalés sans mastication suffisante, poussés par des liquides ou d'autres aliments, ils ne seront pas imprégnés de ptyaline et leur amidon ne sera pas changé en maltose, ni la maltose en glucose, etc.; bref, *ils seront mal digérés.*

Bien plus, si des fruits aigres (ananas, oranges, pommes, pamplemousses, fraises, rhubarbe, tomates, etc.) ou des sucres concentrés (sucre blanc ou autre, miel, mélasse, confiture, etc.) pénètrent dans la bouche en même temps que des aliments féculents, ils contrecarrent par leur acidité l'action de la ptyaline; ils empêchent donc dès le départ la digestion de ces aliments.

D'autre part, ce n'est qu'en entrant dans l'estomac que les aliments protéiques (viande, poisson, fromage, etc.) suscitent la sécrétion de l'*acide chlorhydrique*, puis d'un suc digestif proprement dit, la *pepsine*. Donc, si on mastique ces aliments, ce n'est pas seulement pour les imprégner de salive — ce qui n'a aucun effet sur leur digestion — mais d'abord pour les briser, les défaire le plus possible et préparer ainsi l'action de l'acide chlorhydrique et de la pepsine.

Quant aux aliments gras et aux sucres, ils sont digérés dans l'intestin par la *bile* (sécrétée par le foie), la *lipase*, la *sucrase*, etc. (sécrétées par le pancréas).

Il arrive de plus que *tous ces sucs digestifs ne puissent opérer ensemble*. En effet, la pepsine de l'estomac perd son efficacité en présence des aliments féculents. De même, la ptyaline de la salive supporte difficilement la présence de l'acide chlorhydrique et est détruite par la pepsine.

C'est dire que si des aliments féculents parviennent dans l'estomac en même temps que des aliments protéiques, *la digestion des uns et des autres est automatiquement entravée*. En effet, la ptyaline des premiers étant annihilée par les sécrétions acides, elle ne peut continuer à transformer ces aliments en vue de la deuxième partie de leur digestion dans l'intestin. D'autre part, les aliments féculents (alcalins) empêchant la libre action chimique de la pepsine sur les substances protéiques (acides), suscitent ou un retard prolongé dans la digestion de celles-ci, ou la putréfaction prématurée des aliments protéiques.

Il y a donc lieu de conclure à l'*incompatibilité de certains aliments à être ingérés au même moment*. Pour cette raison, le docteur Shelton donne les conseils suivants:

- Les ACIDES et les AMIDONS doivent être mangés à des repas séparés;
- les aliments PROTÉIQUES et les aliments HYDRO-CARBO-NÉS doivent être mangés à des repas différents*;
- ne manger qu'un aliment contenant une protéine concentrée à un repas;
- les PROTÉINES et les ACIDES doivent être mangés à des repas différents;
- les CORPS GRAS et les PROTÉINES doivent être mangés à des repas séparés;
- les SUCRES et les PROTÉINES doivent être mangés à des repas séparés;
- les AMIDONS et les SUCRES doivent être mangés à des repas séparés.

Voici deux tableaux extraits du livre du docteur Shelton et qui aideront à bien observer les compatibilités alimentaires.

---

* Il semble, d'après certains auteurs, que le compromis suivant serait acceptable: au cours d'un même repas, on peut manger d'abord les aliments protéiques, puis les féculents ou hydrates de carbone ensuite.

Tableau I

Tableau des combinaisons alimentaires

(Cf. H.M. Shelton, *Orthotrophy*, 1956, 4e éd., p. 321)

B. : *Bon.* — Assimilé par les digestions les plus faibles.
A. : *Acceptable.* — À éviter en cas de trouble digestif.
P. : *Pauvre.* — Exige une forte capacité de digestion.
M. : *Mauvais.* — À éviter tout le temps.

	Produits (azotés)	Amidons (glucides)	Graisses	Lait frais	Lait caillé	Légumes verts (crus ou cuits)	Fruits acides	Fruits mi-acides	Fruits doux (secs)	Melons
Protides (azotés)	M	M	M	M	M	B	M	M	P	M
Amylacés (glucides)	M	B	B	M	M	B	M	M	P	M
Graisses (lipides)	M	B	B	A	A	B	B	B	B	M
Lait frais	M	M	A			P	A	A	M	M
Lait caille	M	M	A			P	A	A	A	M
Légumes verts	B	B	B	P	P	B	P	P	P	M
Fruit acides	M	M	B	A	A	P	B	B	P	A
Fruits mi-acides	M	M	B	A	A	P	B	B	B	A
Fruits doux (séchés)	P	P	B	M	A	P	P	B	B	A
Melons	M	M	M	M	M	M	A	A	A	B

Légumes verts: Tous les légumes verts qui poussent au-dessus du sol; seuls ou en salade.

Noix: Amandes, noisettes, cajous, pignons, etc.

Protides: Viandes, oeufs, lait, fromage, poisson, noix, etc.

 (N.B. viandes: toutes les chairs animales, le poisson inclus.)

Amylacés (ou farineux): Toutes les céréales et leurs dérivés (pain, pâtes, etc.).

   Légumes à racines, tels que carotte, navet, rutabaga, pomme de terre, etc.

   Légumineuses: Pois, fèves, haricots secs, etc.

Fruits doux: Banane, raisin doux, datte, figue, etc.

Fruits mi-acides: Poire, pomme, pêche, abricot, cerise, prune, etc.

Fruits acides: Citron, orange, pamplemousse, ananas, tomate, etc.

Remarque: Les fruits oléo-azotés (noix) et le fromage sont acceptables avec les fruits acides.

Tableau II

Liste des aliments	Combinaisons	
	Bonnes	**Mauvaises**
Fruits doux (peu acides ou non acides)	Lait caillé	Fruits acides. Protides. Lait Amylacés (céréales, pain, pommes de terre)
Fruits acides	Fruits acides; acceptable avec noix; avec lait	Sucres (toutes catégories) Amylacés (céréales, pain, p. de t.). Protides (sauf les noix)
Légumes verts (salades compris)	Tous protides Tous amylacés	Le lait
Amylacés (ou farineux)	Légumes verts Graisses et huiles	Tous protides, tous fruits, acides, sucres
Les viandes (toutes catégories)	Légumes verts	Lait, amylacés, sucres, tous autres protides, fruits et végétaux acides, beurre, crème, huiles, lard
Les Oeufs	Légumes verts	Idem
Les Fromages	Légumes verts	Idem à l'exception du lait
Le Lait	Mieux pris seul. Acceptable avec fruits acides.	Tous les protides, les légumes verts, les amylacés
Graisses et huiles (beurre, crème, huile, lard)	Tous les amylacés et les légumes verts.	Tous les protides
Melons, pastèques	Se prennent seuls	Tous les aliments
Céréales (en grains) Pain, etc...	Légumes verts	Fruits acides, tous les protides, les sucres, le lait
Légumineuses, fèves et pois (excepté fèves vertes)	Légumes verts	Tous les protides. Tous les sucres, le lait, les fruits. Les corps gras.

L'élimination

Avant de terminer ce chapitre sur les facteurs qui favorisent la digestion, il convient de dire un mot sur l'important phénomène de *l'élimination*. Pour être en bonne santé, il faut d'abord que les aliments soient bien assimilés et transformés par l'organisme: c'est le rôle de l'estomac, des intestins et du foie. Mais il faut également que les déchets intestinaux, qui sont souvent toxiques, soient éliminés. Les résidus qui séjournent trop longtemps, fermentent et produisent des poisons qui peuvent passer dans le sang. La constipation peut déclencher des désordres graves et en particulier des digestions difficiles et des troubles nerveux. Il est donc nécessaire d'aller régulièrement à la selle. La régularité des selles est favorisée par la consommation d'aliments riches en celluloses (salades, légumes, fruits) et par l'exercice des muscles abdominaux: mouvements de flexion, d'extension et de rotation du tronc.

Conclusion

Rappelons quelques principes qui peuvent jouer un grand rôle dans la recherche et le maintien de la santé par l'alimentation.

- La sagesse yogique enseigne: nourriture strictement nécessaire, mastication lente et attentive, repas pris seul et dans le silence.
- La quantité de nourriture doit être proportionnée aux capacités digestives individuelles.
- Nous vivons, non pas de ce que nous mangeons, mais uniquement de ce que nous digérons.

Suivez cet excellent conseil d'un sage praticien de la santé: *ne craignez pas de prendre trop de soins et trop de temps pour votre alimentation. C'est à votre santé et à votre bonheur que vous travaillez.*

Chapitre VI

L'air,
source d'énergie
physique et mentale

"Apprenez à bien respirer et vous vous transformerez physiquement et mentalement".

Dr Victor PAUCHET

L'air vital

C'est avec raison que l'on désigne l'oxygène sous le nom d'air vital. En effet, à chaque étape de la vie, sa diffusion depuis l'atmosphère jusqu'au sein des tissus conditionne les processus vitaux. Aussi peut-on affirmer que *la capacité vitale d'un individu se mesure à la contenance de ses poumons.*

La capacité vitale peut être définie comme étant la plus grande quantité d'air que l'on peut déplacer dans les poumons en les gonflant et en les vidant profondément. Elle est approximativement de quatre litres et demi chez l'homme, d'un peu plus de trois litres chez la femme.

L'air contient le combustible que nous employons chaque instant de notre vie pour apporter l'énergie à nos milliards de cellules. *Il contient des propriétés chimiques qui nettoyent notre corps et renouvellent nos cellules nerveuses et organiques.*

Hélas! Combien de gens meurent sans avoir jamais respiré complètement. Je pense ici à l'inconscience de certains individus sédentaires dont la fonction respiratoire reste en veilleuse pendant pratiquement toute leur existence. Les cinq sixièmes de leur capacité thoracique ne sont presque jamais utilisés.

La respiration conditionne toute l'activité humaine

Les athlètes connaissent l'importance de faire accompagner tout mouvement d'une respiration appropriée comme moyen d'augmenter et de contrôler l'énergie. Faites-en l'expérience vous-même en transportant un lourd fardeau, en vous dépêchant; vous décuplerez vos forces. Il en est de même dans le travail intellectuel. La fatigue survient lorsque l'irrigation sanguine n'est plus assez active dans le cerveau et que le sang n'est plus assez chargé d'oxygène pour éliminer les toxines produites par le travail cérébral. Respirer facilite alors grandement les opérations intellectuelles.

La résistance à la maladie s'accroît avec la respiration. En utilisant toute la surface des poumons, on réduit les risques de maladies poitrinaires et on recule les limites de la vieillesse. Celle-ci est le résultat d'un lent encrassement des organes; l'habitude de respirer profondément tempère la lente désagrégation de l'organisme par l'intoxication en même temps qu'elle augmente la vitalité des organes internes qu'elle stimule et enfin, elle normalise les fonctions circulatoire et digestive, ainsi que celles du système nerveux.

La respiration, un facteur d'équilibre psychique

Si le souffle influence l'état physiologique, il a aussi des répercussions sur le psychisme. La respiration profonde est considérée comme un régulateur du système nerveux, car elle agit directement sur un plexus important, le *plexus solaire,* situé au creux épigastrique. Ce plexus, appelé "cerveau abdominal", réagit sur l'émotivité contrôlant ainsi les émotions, les mouvements passionnels, la peur, le chagrin, le désir, la colère, la timidité et le trac. Le candidat à la maîtrise de soi doit être un adepte de la respiration.

Pour se relaxer, peu de méthodes valent une séance bien faite de mouvements respiratoires. Un contrôle attentif de la respiration, et surtout de son temps expiratoire (le rythme), comme nous le verrons plus loin, *introduit dans tout l'organisme — et sur les différents plans de la vie humaine — un facteur nouveau de force et d'équilibre.*

Il n'est pas étonnant que les Yogis de l'Inde aient entrepris de conquérir la maîtrise parfaite de leur corps, maîtrise qui leur paraissait la condition de la sagesse, et qui passait par le contrôle de la respiration (la respiration consciente). Pour ces maîtres, la respiration est plus qu'un moyen d'obtenir de l'oxygène pour alimenter le sang et éliminer le gaz carbonique: elle représente *l'énergie vitale* permettant à l'homme de puiser au pouvoir cosmique de l'Univers.* Plus qu'une science, ils ont fait de la respiration un rite mystérieux et magique, inventant parfois jusqu'à 25 façons de respirer dont certaines sont d'un raffinement extraordinaire.

Je vous ferai grâce de toutes ces techniques dont plusieurs supposent un entraînement dirigé. Souvent, des professeurs déconseillent aux débutants de s'y attaquer d'emblée. En confondant le rythme des secondes avec celui des battements du coeur, on risque, en travaillant seul et sans contrôle, de respirer à contretemps, lésant les artères coronaires.

La technique de la respiration

La méthode exposée ici est simple, naturelle et basée sur la physiologie même de la respiration. Elle ne suppose aucun entraînement particulier et peut être pratiquée par tout le monde. Elle nécessite la réalisation de trois conditions:

---

* Même dans le monde occidental scientifique, médecins et chercheurs corroborent cette idée. Il faudrait consulter à ce sujet la revue *Science News* (Washington, D.C.) du 6 septembre 1975, à la rubrique des nouvelles de la semaine, sous le titre "Le rôle de la dilatation des poumons: des réserves d'air pour les glandes endocrines".

- une connaissance sommaire de la physiologie de la respiration;
- un endroit où l'air est pur;
- des mouvements profonds de respiration.

Physiologie de la respiration

Rappelons brièvement le processus respiratoire. L'air pénètre dans les poumons par les fosses nasales, le pharynx, le larynx et la trachée artère pour arriver aux bronches, dont les diverses branches se ramifient elles-mêmes en une multitude de loges, appelées alvéoles.

Il est important de préciser *le rôle des fosses nasales,* point de départ d'une bonne respiration. Remarquons tout de suite que les fosses nasales sont constituées pour la respiration, tandis que la bouche ne l'est pas. On a dit avec beaucoup de vérité: *il est aussi insensé de respirer par la bouche que de manger par le nez.* Pourquoi?

Le nez est l'organe le plus perfectionné des appareils à "conditionner" l'air. Il soumet l'air inspiré à un processus d'humidification, de dépoussiérage, de réchauffement qui le rendent particulièrement apte à la fixation de l'oxygène au niveau des poumons. On sait que l'air contient d'innombrables petites poussières dont on peut facilement déceler la présence lorsqu'un rayon de soleil traverse une pièce. En respirant par le nez, les cils vibratiles empêchent ces poussières de pénétrer plus avant dans les voies respiratoires.

Mais le plus important se joue au niveau des *alvéoles.* Au contact de l'air et du sang, un phénomène chimique se produit: *le sang se purifie.* Vient ensuite l'acte d'expiration par lequel l'organisme élimine les résidus de la respiration: le gaz carbonique et la vapeur d'eau.

L'air respiré doit être pur

Si la nature a doté l'homme d'une véritable petite usine de filtration et de purification de l'air, ceci ne nous dispense nullement de veiller à la qualité de l'air respiré. En effet, l'un des principaux ennemis d'une bonne respiration est l'air souillé, mauvais, sec. L'air sec et contaminé est reconnu pour être un ennemi pour la santé et l'une des principales causes des rhumes.

Ici on ne peut passer sous silence *les effets désastreux — voire mortels — de la cigarette pour l'organisme.* Il est navrant de constater combien les jeunes — parfois dès l'école primaire — font usage de la cigarette, hypothéquant ainsi leur santé. Je n'hésite pas à dénoncer le caractère immoral d'un tel geste.

L'effroyable menace que la cigarette fait peser sur la santé en fait l'une des pires calamités de notre temps. Les effets désastreux du tabac ne se font pas sentir uniquement sur les poumons, mais aussi sur le coeur.

Dans un dépliant publié par la *Société du timbre de Noël,* on affirme que le taux de mortalité par *cancer du poumon,* chez ceux qui fument plus de 20 cigarettes par jour est 50 fois plus considérable que chez ceux qui ne fument pas. Que le taux de mortalité par *bronchite chronique* et *emphysème pulmonaire* chez les gros fumeurs peut être jusqu'à six fois plus élevé que chez les non-fumeurs. Que l'incidence des décès par *affections des artères coronaires* a plus que doublé chez les gros fumeurs de 50 à 70 ans.

On s'est aperçu également, et c'est sans doute la découverte la plus affligeante, que les enfants ayant été soumis à l'action toxique du tabac dans le sein de leur mère *risquent fort d'être désavantagés dans l'avenir.*

On soutient par ailleurs que *fumer la cigarette raccourcit la vie.* Ceci est déjà une preuve accablante contre la cigarette, mais il y a plus — et tous devraient le savoir —, particulièrement les jeunes: l'usage régulier et continu de la cigarette *affaiblit la résistance nerveuse, provoque une toux persistante, diminue la capacité respiratoire, réduit l'aptitude au travail, cause des palpitations cardiaques, augmente la fatigue et diminue l'appétit et le sommeil.*

Les campagnes intensives qui se mènent dans le monde contre l'usage de la cigarette sont tout à fait justifiées. Le gouvernement québécois qui s'apprête à voter une loi protégeant les non-fumeurs marque un grand pas dans la lutte contre ce fléau.

La rééducation de
l'appareil respiratoire

Nous devons considérer *la manière dont nous respirons* aussi bien que la qualité de l'air que nous respirons. À cette fin, nous fixerons deux objectifs:

- l'accroissement de la capacité respiratoire;
- la prise de conscience de la respiration.

L'accroissement de la capacité vitale est le but de toute discipline respiratoire, et la prise de conscience de l'expiration en constitue le facteur le plus important. On sait que par le *pranayama,* le Yogi puise dans l'air ambiant et incorpore volontairement à son organisme une dose d'énergie, ou *Prana,* plus considérable que l'homme normal par la respiration consciente.

Pour augmenter la capacité d'expiration, on conseille de faire l'exercice suivant: expulsez l'air de vos poumons puis prenez une respiration profonde. En expirant lisez un paragraphe à haute voix. Au premier essai, voyez jusqu'où vous pouvez aller d'une seule traite. Recommencez et essayez ensuite progressivement de jour en jour d'augmenter le nombre de lignes que vous pouvez lire sans reprendre haleine.

Un autre bon exercice de contrôle à cet égard consiste à compter: assis confortablement, le buste bien droit, inspirez lentement et régulièrement en comptant jusqu'à 4. Faites une pause d'une seconde, puis expirez en comptant jusqu'à 12. La fois suivante, inspirez jusqu'à 5 et expirez jusqu'à 15. Lorsque vous serez parvenu à expirer jusqu'à 21, essayez de chanter une mélodie en même temps. Cela vous aidera à limiter la quantité d'air que vous libérerez.

La respiration abdominale

Les manuels d'hygiène nous enseignent qu'il y a plusieurs types de respiration: la respiration abdominale, la respiration costale et la respiration haute. De ces trois types de respiration, je retiendrai la *respiration abdominale* qui constitue la meilleure façon de respirer; la respiration normale, en effet, est abdominale et c'est elle qui

TYPES RESPIRATOIRES

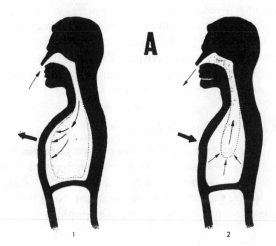

Type thoracique:
1. inspiration;
2. expiration.

Type abdominal:
1. inspiration;
2. expiration.

(Tiré de *L'Homme dans son milieu*)

répond le mieux *au critère de respiration profonde* que nous avons préconisé plus haut.

La respiration abdominale se fait surtout au moyen du diaphragme: *le mouvement s'effectue principalement au niveau du ventre.* Par son mouvement de soufflet, le diaphragme exerce un massage doux sur tout l'abdomen dont les muscles se détendent. Il est impossible de se sentir crispé si l'on pratique la respiration abdominale. De plus, *ce genre de respiration facilite la digestion et procure une excellente détente nerveuse.*

Le modèle yogique de la respiration

La meilleure façon de respirer est la *respiration yogique.* Elle comprend les trois types en un seul mouvement ample et rythmé et place sous *le contrôle de la conscience* le rythme de la respiration qui d'ordinaire s'effectue automatiquement. Nous présentons ici la technique selon une méthode simple et pratique.

Posture

- Couchez-vous sur le dos (dans votre lit ou sur le sol). Utilisez un tapis ou une couverture pour être plus confortable.
- Relaxation complète du corps.
- Fermez les yeux pour favoriser la concentration sur le mouvement respiratoire.

Démarche

(La respiration se fait toujours par le nez pour les raisons que nous avons données plus haut)

1er temps: *Expulsion de l'air des poumons*

Les poumons sont vidés complètement dans un mouvement d'expiration, lent et continu. À la fin de l'expiration, les muscles abdominaux sont contractés pour évacuer ce qu'il reste d'air emprisonné dans l'organisme. Les poumons alors complètement vidés, retenez votre souffle quelques secondes.

Observation

Il est très important de commencer par vider les poumons; comment, en effet, y faire pénétrer l'air, s'ils sont déjà pleins? Comment y introduire l'air pur, sans en expulser auparavant l'air vicié.

2e temps: *Inspiration de l'air*

Dans un mouvement lent et continu, laissez entrer l'air en gonflant progressivement l'abdomen, puis le bas des poumons. Continuez en laissant l'air envahir le plus grand nombre possible d'alvéoles pulmonaires et gagner le sommet de la cage thoracique. Pendant le mouvement, écartez les côtes, sans forcer.

Observation

Il est très important de garder votre esprit concentré entièrement sur l'acte respiratoire.

3e temps: *Expiration de l'air*

Les poumons une fois remplis, expirez l'air toujours lentement, sans effort et sans saccade, en contractant d'abord l'abdomen puis en laissant la cage thoracique s'abaisser progressivement vers le haut.

Remarques:

1. Le mouvement respiratoire peut être comparé à une vague qui, à l'inspiration, pénètre en gonflant le ventre, écarte les côtes et finalement envahit la cage thoracique. À l'expiration, cette vague se retire, le ventre s'affaisse, les côtes rentrent et le haut de la cage thoracique descend.

2. Au cours de ces séances de respiration, le débutant peut s'attendre à connaître de petits malaises sans gravité. Par suite d'un afflux d'oxygène auquel l'organisme n'est pas habitué, il peut se produire des sensations d'étourdissement, voire de vertige. Il faut alors interrompre l'exercice et respirer normalement. Après

quelques jours d'entraînement à la respiration complète, les étourdissements ne se produiront plus.

Pour atteindre à des effets permanents, il est bon de se réserver quelques minutes plusieurs fois par jour pour faire des exercices de respiration complète sur le modèle yogique. Même si la station allongée est recommandée lors des séances, ce type de respiration peut se pratiquer également dans la position assise ou debout, pendant le travail ou diverses activités.

En plus de ces exercices de respiration, il faut, au moins hebdomadairement, si l'état de votre coeur le permet, *provoquer une violente activité respiratoire et circulatoire* par la course, le saut à la corde, le tennis, etc., pour entraîner les poumons et le coeur à un travail intensif. La pratique hebdomadaire d'exercices physiques vigoureux permet d'utiliser la partie habituellement inactive des poumons, d'oxygéner le sang et d'éliminer une grande quantité de gaz carbonique.

Par-dessus tout, créer l'habitude de respirer

L'important est de s'habituer à respirer en tout temps. Respirez à fond avant d'entreprendre une tâche quelconque, ou lorsque vous montez un escalier, ou pour lutter contre le froid l'hiver. Respirez en travaillant physiquement et intellectuellement, vous serez étonné de l'énergie que vous en retirerez: endurance et force. En toute circonstance fastidieuse ou pénible, qu'il s'agisse d'une réunion ennuyeuse ou d'une interview où le trac vous paralyse, expirez avec lenteur; vous rechargerez ainsi votre système nerveux en suivant les voies de la nature.

Rappelez-vous toujours l'importance de la respiration. Manquer de souffle n'est-il pas synonyme d'un manque d'endurance physique et mentale?

Chapitre VII

L'exercice:
générateur de force
et d'énergie

"Quatre lois régissent la condition physique d'un individu. Ce sont l'alimentation, l'exercice, l'hygiène et la récupération".

— Dr Pierre GRAVEL

L'exercice physique,
symbole d'un nouvel équilibre naturel

Quelqu'un a déjà dit que jamais l'homme n'est aussi en forme qu'au moment de sa naissance. C'est malheureusement vrai. La dégradation physique commence très tôt et s'accélère jusqu'à la détérioration complète. Cela semble particulièrement vrai pour les Canadiens et les Québécois. Il faut admettre cependant que l'exercice physique a pris une dimension plus intéressante chez nous depuis que le fameux programme de sensibilisation du ministère de la Santé du Canada, PARTICIPE-ACTION, a été lancé. Beaucoup plus de gens qu'auparavant font de l'exercice sous différentes formes: jogging, bicyclette, natation, etc. Malgré cela, que ce soit par paresse ou par gêne, combien restent encore imperméables à l'idée de faire de l'exercice. Maints préjugés ou objections surgissent: je n'ai pas le temps, je ne sais pas où aller, je suis seul(e), je vais faire rire de moi.

L'exercice est essentiel à la santé

Que l'exercice soit essentiel à la santé, médicalement, c'est l'évidence même. Déjà Hippocrate, l'ancêtre de la médecine, avait observé que "ce qui sert se développe, ce qui n'est pas utilisé s'atrophie". Sans exercice, les forces diminuent. Au moindre effort l'essoufflement se fait sentir. Les muscles qui ne sont pas soumis régulièrement à des exercices de contraction s'affaiblissent et perdent leur tonus. Les os deviennent fragiles et les risques de fracture s'accentuent. Nous pouvons être sujets à des douleurs rhumatismales.

L'effet probablement le plus sérieux du manque d'exercice est sans aucun doute les affections cardiaques. Les sédentaires sont beaucoup plus exposés aux crises cardiaques que les travailleurs actifs ou les sportifs. Le coeur est un muscle et comme tel, il a besoin d'exercice pour conserver sa vigueur. On a l'âge de son coeur, affirme-t-on fort justement.

L'exercice physique augmente également le besoin en oxygène. Ce besoin provoque une augmentation de la fréquence et de la profondeur de la respiration. Or nous avons vu que le rôle de l'oxygène est de purifier le sang chargé de gaz carbonique. L'exercice, en augmentant la circulation, favorise l'élimination des déchets des muscles; il augmente ainsi l'apport d'éléments nutritifs aux tissus.

Par rapport au pourcentage de gras chez un individu, l'activité physique permet de transformer les graisses en énergie. Les gras se transforment en énergie plus lentement que les sucres et, sans exercice pour activer cette transformation, les gras ont tendance à se stocker dans certaines parties du corps humain. Aussi, selon les spécialistes, il n'y a qu'un moyen naturel de maigrir: *dépenser plus qu'on assimile.*

On pourrait élaborer encore longuement sur l'importance de l'exercice qui facilite la digestion, la diffusion et le transport de l'énergie alimentaire, assure un équilibre nerveux et entraîne une sensation de bien-être.

Sur le plan psychologique, on est en mesure de démontrer les effets positifs de l'exercice physique sur la personnalité. Une étude a prouvé que les champions olympiques, par exemple, sont généralement plus intelligents, plus équilibrés émotivement, plus entreprenants et plus sûrs d'eux-mêmes. Ils sont aussi généralement moins conformistes. Il n'est pas étonnant que ces effets soient si bénéfiques. Physiologiquement, l'exercice physique entraîne une activité biochimique plus grande, une meilleure irrigation du cerveau, une augmentation de la production du glucose essentiel à l'activité cervicale.

C'est quoi au juste... être en forme?

Être en forme, c'est beaucoup plus que de ne pas être malade. C'est plus qu'un corps qui paraît bien. C'est une manière d'être, une façon de se sentir. Cela transcende toute l'activité humaine: le travail, les loisirs, la vie intellectuelle, les activités sociales, la vie amoureuse, etc.

Si vous ne faites pas d'exercice depuis longtemps, dites-vous qu'il n'est jamais trop tard pour changer vos habitudes d'inactivité, pourvu que la transition se fasse graduellement.

Comment faire de l'exercice

Exploiter les tâches de la vie quotidienne

La vie offre de multiples occasions de faire de l'exercice. La sagesse en ce domaine vous conseillera de saisir chaque occasion de vous dépenser physiquement, de transformer une activité régulière en un exercice physique. Ceux qui sont trop occupés pour faire de l'exercice y trouveront leur profit. Voici quelques exemples que vous pouvez appliquer dans votre travail et que vous pourrez multiplier et varier au gré de votre imagination.

• Pour l'homme de bureau:
— se rendre au travail à pied au lieu de prendre la voiture, quand cela est possible;

— emprunter l'escalier et le monter d'un pas rapide au lieu de prendre l'ascenseur;

— profiter du temps passé au téléphone pour faire quelques mouvements: debout, fléchir plusieurs fois les genoux; se renverser en arrière trois à quatre fois de façon à contrebalancer le mouvement de repli auquel on s'habitue, assis à un bureau. En profiter également pour prendre quelques bonnes respirations chaque fois que l'on s'apprête à répondre à un interlocuteur;

— assis au bureau, se soulever plusieurs fois en prenant appui sur les bras de son fauteuil;

— aux toilettes, en profiter pour faire quelques bonnes flexions du tronc avant et arrière (le plus loin possible);

— au lieu de demander à sa ou son secrétaire de se déplacer, lui faire le message ou aller lui porter soi-même la lettre à copier.

• Pour la ménagère:

Toute corvée peut devenir un exercice bienfaisant pourvu qu'il soit accepté comme tel. Par exemple:

— passer l'aspirateur;

— se déplacer rapidement d'une pièce à l'autre;

— en ramassant les jouets des enfants, y voir une occasion de faire des exercices d'assouplissement: aller cueillir chaque jouet, séparément, en se tenant les pieds écartés et en se penchant, sans plier les jambes;

— appuyé sur le bord de la table, faire cinq ou six flexions des genoux;

— profiter des émissions de télévision ou l'on présente des programmes de mise en forme pour faire les exercices proposés;

— profiter des moments de repos pour respirer à fond et lentement; bien expirer à quelques reprises.

Votre imagination et l'ingéniosité peuvent vous dicter mille et une manières de faire de l'exercice. Il est est de même pour le manoeuvre ou toute autre catégorie de travailleurs.

La gymnastique

La gymnastique constitue la formule idéale pour faire de l'exercice. Elle peut se pratiquer n'importe quand, n'importe où, peu importe la température ou la saison, et j'ajouterais, peu importe le degré de santé de chacun*. Dans la plupart des cas il s'agit d'y aller selon son rythme et sa vitalité. Autre avantage, la gymnastique permet d'exercer rationnellement tous les muscles du corps, ce que ne peuvent accomplir tous les sports, à part évidemment la natation et le tennis qui sont considérés comme des sports complets.

Le but de ce chapitre n'est pas de donner une méthode complète d'exercices physiques. Il existe des livres spécialisés qui en présentent d'excellentes. L'idéal serait d'utiliser la méthode "Aérobix" qui met l'accent sur la course, la marche accélérée et la marche simple pour renforcer les poumons, le coeur et la circulation sanguine, et de compléter ensuite avec une autre méthode qui vise le développement harmonieux et complet de tout le système musculaire: gymnastique des épaules et du dos, gymnastique dorso-lombaire, gymnastique abdominale, gymnastique des jambes et des bras.

Il faut viser un développement équilibré du corps afin d'éviter cette dichotomie assez courante qui existe entre la force musculaire et l'agilité ou la souplesse. Tout excellente qu'elle soit, on a déjà formulé une critique sérieuse à l'endroit de la méthode "Aérobix", destinée à l'origine à maintenir les militaires en bonne condition physique. On a constaté, en effet, qu'un soldat entraîné selon "Aérobix" pourrait courir toute une journée mais serait probablement incapable de sortir d'une tranchée parce qu'il aurait les bras trop faibles. Par contre, un haltérophile peut souffrir d'une attaque cardiaque en grimpant un escalier parce que, même si ses bras sont puissants, son coeur est demeuré faible.

Le secret de la forme physique réside dans une activité physique régulière, intégrée à son régime de vie. Une séance d'exercices épuisante, exécutée une fois par semaine, n'entraîne que des courbatures

---

* Il faut bien préciser que dans certains cas, il est nécessaire de consulter un médecin avant de faire de l'exercice physique.

et tue l'envie de recommencer. La liste des exercices présentée plus loin n'a rien de nouveau. Mais si vous les faites régulièrement chaque jour, vous vous apercevrez que le bien-être qui s'ensuivra mérite bien les efforts déployés pour y parvenir. L'une des premières satisfactions que vous éprouverez sera de découvrir qu'il devient de plus en plus facile de faire les exercices qui, au début, vous épuisaient. Au fur et à mesure que vous sentirez croître la force de votre corps et la puissance de vos muscles prêts à obéir sur commande, vous éprouverez un sentiment de contentement, sans parler du plaisir de vous sentir supérieur aux personnes de votre entourage qui seraient moins en forme que vous.

Programme quotidien d'exercices

À ceux qui ne peuvent faire, pour diverses raisons, un entraînement physique systématique, voici un programme quotidien à faire chaque matin, de préférence au lever*. Si vous êtes en bonne santé et que votre médecin vous autorise à faire des exercices, essayez ces mouvements en notant chaque jour vos performances. Après la première semaine, essayez d'augmenter le nombre des répétitions, sans dépasser la limite de temps fixée.

---

* Ce programme était recommandé, il y a quelques années, par la Compagnie d'Assurances Sun Life du Canada dans un dépliant éducatif intitulé: *Comment se maintenir en forme.*

1er temps: *exécuter les mouvements suivants*

Exercice No 1

Debout, jambes écartées, bras tendus au-dessus de la tête. Penchez le buste en avant et touchez le sol avec les doigts. Revenez à la position de départ.

Exercice No 2 —

Couché sur le dos, mains derrière la nuque, genoux pliés, glissez les pieds sous un tapis ou un fauteuil. Redressez le buste jusqu'à ce que les coudes viennent toucher les genoux et revenez à la position de départ.

Exercice No 3 —

Couché sur le ventre, mains rapprochées à la hauteur des épaules. Relevez le corps en poussant sur les bras. Que les mains et les pieds soient seuls en contact avec le plancher et que les bras soient complètement tendus. Les *filles* peuvent revenir à la position de départ avant de recommencer. Les *garçons* doivent simplement effleurer le plancher de leur menton et recommencer aussitôt.

Exercice No 4 —

Debout, jambes réunies, mains sur les hanches. Haussez-vous sur la pointe des pieds, puis accroupissez-vous complètement. Relevez-vous et revenez à la position de départ.

Exercice No 5 —

Couché sur le ventre, mains derrière la nuque. Redressez la tête, les épaules, la poitrine et les deux jambes, serrées et tendues, aussi haut que possible. Revenez à la position de départ.

Exercice No 6 —

Debout, les pieds réunis devant une chaise de cuisine. Placez un pied sur la chaise et montez dessus; revenez à la position de départ.

Tableau d'entraînement

Ce programme régulier et progressif d'exercices physiques est semblable au programme "5BX", mis au point pour le personnel de l'Aviation canadienne et qui s'est révélé très efficace. Un programme similaire, le "XBX" est à la disposition des jeunes filles et des femmes.

Exercice	1	2	3	4	5	6
Temps alloué	1 min.	1 min.	2 min.	1 min.	1 min.	2 min.
Nombre de répétitions quotidiennes par exercice pour la première semaine	15	10	10	10	20	20
Nombre de répétitions quotidiennes exécutées en travaillant au maximum. Ne pas dépasser le temps alloué.						

2e temps: 10 minutes de course

Complétez ensuite par dix minutes de jogging au grand air, en exerçant votre respiration. Adoptez un rythme moyen à l'allée et augmenter progressivement le rythme au retour. Si la température ne permet pas d'aller dehors, faites de la course sur place en ayant soin de lever les jambes d'au moins huit pouces de terre, ou encore, de la moitié de la hauteur qui sépare le plancher du genou. Pensez que vous montez un escalier en exécutant cet exercice. Inspirez et expirez profondément durant 4 à 5 pas. Ne faites pas plus de 10 minutes de course. Le principe ne réside pas dans le temps mais dans la variation progressive du rythme d'accélération quotidienne au cours de ces dix minutes. N'oubliez pas que cette méthode s'adresse à ceux qui n'ont pas le temps d'en faire plus. Elle vise la condition physique minimum.

La marche

La marche est une forme d'exercice accessible à tout le monde. Elle est simple à pratiquer. On peut s'y adonner n'importe où et à n'importe quel moment. Il faut savoir cependant que la marche provoque moins l'activité du système cardio-vasculaire que le jogging ou la course; à moins évidemment de marcher longtemps et vigoureusement.

La marche et la randonnée pédestre constituent d'excellents substituts pour ceux qui ne peuvent faire de la course pour différentes raisons: les cardiaques ou les personnes âgées, par exemple. Ces personnes peuvent toujours se consoler en pensant que courir ou marcher un mille, c'est toujours parcourir la même distance. Rappelez-vous qu'à un certain âge (50 ans et au-delà), on digère autant avec ses jambes qu'avec l'estomac.

La pratique d'un sport

Tout ce qu'on vient de dire sur l'exercice physique ne remplace pas le sport. Au moins trois fois par semaine, il faut s'adonner à un sport: la natation, le tennis, le cyclisme, le ski, etc. Le rôle bio-physiologique du sport est de:

- permettre à l'oxygène d'atteindre les tissus profonds où le corps emmagasine les produits qu'il utilise lors de demande plus grande d'énergie. On sait que l'utilisation quotidienne d'oxygène représente une quantité minimale de demande. Si l'on ne provoque jamais l'essoufflement, la régénération des tissus profonds ne peut se faire;
- développer et renforcer le système cardio-vasculaire. Il faut que de temps en temps le coeur travaille plus fort qu'à l'accoutumée si l'on veut garder une pleine forme physique. Le coeur est une "pompe" naturelle dont le rôle est d'approvisionner en sang les différentes parties du coeur. Si le coeur ne travaille pas beaucoup, les tissus profonds ne reçoivent pas la quantité de sang nécessaire à leur régénération. De plus, les vaisseaux sanguins perdent l'élasticité (dilatation) nécessaire pour remplir efficacement leur rôle;
- régénérer les cellules cérébrales. Le travailleur intellectuel peut retirer le plus grand avantage de la pratique d'un sport. On sait que l'apport fourni par le sang en quantité et en qualité conditionne les opérations intellectuelles et le travail de réflexion en général. L'esprit profite donc grandement du sport;
- tonifier la musculature. Les muscles reçoivent une grosse partie du sang. D'autre part le tonus musculaire dépend directement de l'exercice qu'on leur fait faire. Le principe qui dit que tout organe qui ne fonctionne pas s'étiole ne peut être plus vrai qu'en ce qui concerne les muscles. L'absence d'activité à ce niveau provoque rapidement la détérioration du système. Les courbatures, le manque d'endurance et les sensations de rhumatisme sont des symptômes bien connus de ceux qui ne font pas de sport.

La méthode "Aérobix" poursuit de façon systématique les objectifs physiologiques que nous venons de mentionner. En effet, le but principal de cette méthode est d'acquérir une endurance physique en oxygénant le sang et en accélérant le rythme cardiaque à plus de 150 battements à la minute, pendant plus de cinq minutes.

Une classification des sports selon le rythme cardiaque

Une étude effectuée par l'université de Californie propose une classification des sports basée sur la fréquence cardiaque. En guise de conclusion, nous reproduisons ici le tableau de cette étude. Il peut être très utile dans le choix d'un sport pertinent à chacun.

	Fréquence cardiaque	Classi- fication
Basketball	185	intense
Hockey sur gazon	178	—
Course à pied	183	—
Cyclisme	189	—
Brasse (natation)	181	—
Dos (natation)	185	—
Crawl (natation)	179	—
Ski de fond	185	—
Kayak	176	—
Boxe	170	—
Soccer	165	—
Badminton	147	modéré
Tennis	140	—
Balle-molle	134	—
Volleyball	133	—
Gymnastique	133/138	—
Haltérophilie	120/133	—
Athlétisme (sauts et lancers)	95/120	faible à modéré
Golf	103	faible
Tir à l'arc	96	—
Quilles	85	—

On constate que les sports courants qui sont accessibles pratiquement à tout le monde comme la course (jogging) et le ski de fond figurent parmi les exercices dont l'intensité est assez forte comparativement aux sports reconnus comme professionnels.

Retenons en terminant qu'il faut des exercices qui assouplissent les muscles (gymnastique) et d'autres qui provoquent l'essoufflement et l'activité du système cardio-vasculaire (course, marche, tennis, ski, saut à la corde, etc.)

Chapitre VIII

L'énergie sensorielle

*C'est une triste chose de songer que la nature parle
et que le genre humain n'écoute pas.*

Victor HUGO

Le corps retrouvé

Il y a quelques années, un médecin, un sage, le docteur Vittoz
avait inventé une méthode de traitement à l'usage des neurasthéni-
ques et des victimes du cérébralisme moderne.* Il apprenait à ses
malades à reprendre conscience de leur corps, de ses articulations et
de ses mouvements. Il rendait aux sens divins de l'ouïe et de la vue
cette puissance de pénétration, d'analyse et de nuances que connaissent les populations primitives et dont notre éducation rationnelle et
abstraite nous a privés. Et de ce pèlerinage aux sources de sa nature,
le patient, afin apaisé, revenait à l'équilibre exigé par sa nature dua-
liste, complexe et alternée.

J'ai eu récemment l'occasion de rencontrer un professeur qui a
passé cinq ans parmi les "bushmen" de la Nouvelle-Guinée. Il racon-

---

* Le docteur Roger Vittoz est né en 1863 à Morges, sur la rive suisse du lac
Léman; il s'est installé à Lausanne et c'est dans cette ville qu'il a mis au point sa
méthode de "traitement des psychonévroses par la rééducation du contrôle cérébral".
Il y relate ses observations et ses découvertes et y expose son procédé thérapeutique
appelé désormais Méthode Vittoz. Roger Vittoz est mort en 1925.

tait que ces hommes évoluent sous un climat et dans des conditions physiques telles que l'on en vient à se demander comment ils survivent plus de vingt-quatre heures. Et pourtant ils vivent ainsi depuis des milliers d'années; la raison de leur succès se trouve dans *le type de relation qu'ils entretiennent avec leur environnement.*

Dès l'enfance, le jeune Indien est entraîné à percevoir et à interpréter le moindre bruit, la moindre odeur ou le plus petit changement physique. C'est ainsi qu'un enfant de quatre ans est capable de "sentir" (feel) un serpent à cent pieds. Cet entraînement lui permet de développer avec son environnement une sorte de symbiose. Un "bushman" ne marche pas dans la jungle, il ne voit pas la jungle, il *est* la jungle.

L'attitude de cette peuplade primitive porte à réflexion. Notre vie civilisée nous a coupés de la nature. Il est à se demander si, nonobstant la loi du progrès, l'homme est vraiment fait pour vivre dans un complexe urbain aussi artificiel. Rompre avec ses origines ne peut se faire sans heurts et sans problèmes.

Il faut bien signaler quelques tentatives de retour aux sources. Je pense ici au phénomène du camping et à ses variantes qui connaissent depuis quelques années un essor considérable. Mais il faut voir jusqu'à quel point ce type de vie reconstitue le monde urbain avec sa densité humaine, ses autos, ses bruits, sa pollution. Résultat: l'homme ne réapprend pas vraiment à sentir, à voir ou à écouter, comme il ne prend pas davantage conscience de son corps. Souvent il ne réussit même pas à se libérer partiellement de ce stress qui l'avait poussé à aller en villégiature.

Une méthode de rééducation sensorielle

La méthode que nous exposerons a pour but d'offrir à ceux qui en ont besoin, le moyen de récupérer leur corps. Même sans être directement concernés, les bien portants y trouveront leur profit car ils découvriront le moyen de parer aux méfaits de la vie actuelle. L'homme de bureau et l'intellectuel surtout auraient avantage à s'y exercer. À travers la prise de conscience de ses actes, on peut apprendre à maintenir un équilibre souvent mis à rude épreuve; c'est une habitude à instaurer qui vise à rétablir en nous une défense naturelle.

La *concentration sensorielle*, en effet, peut jouer un grand rôle dans la recherche de l'équilibre personnel. Elle constitue une source d'énergie des plus naturelles et bienfaisantes pour l'organisme tout entier. Les sensations conscientes sont tonifiantes pour le cerveau et pour tout le système nerveux. Elles génèrent la joie, la tranquillité et le repos.

En nous sensibilisant à la réalité objective de notre corps, de ses mouvements et de son environnement (la nature), en nous ouvrant sur le monde du beau, des bruits et des couleurs que nous offre la nature, *les sensations conscientes nous aident à sortir du monde subjectif*, des problèmes qui nous chagrinent et nous empêchent de vivre à notre pleine mesure.[1] Après quelques jours de sensations conscientes, le monde, au lieu de nous apparaître à travers le prisme des pensées pessimistes, se révèle plus beau et plus attrayant puisqu'il se présente tel qu'il est.

Cette recherche d'une récupération du corps par les sensations conscientes s'inspire largement de la Méthode Vittoz que nous évoquions au début du chapitre.[2] Mon but est donc de faire bénéficier le lecteur de cette merveilleuse thérapeutique du cérébral et de susciter de nombreux adeptes de cette méthode dont les données puisent dans la nature même. En s'exerçant, on parvient à se régénérer en très peu de temps.

---

1. Le docteur Alexander Lowen expose une méthode à peu près semblable quand il parle de la *bioénergie* qu'il décrit comme une technique thérapeutique qui aide à retourner dans son corps pour en apprécier la vie au plus haut point possible. Il s'agit de rendre à l'homme le plein usage de son corps (de ses mouvements, de sa capacité à en tirer du plaisir). En un mot, il s'agit de lui redonner le goût (et les moyens) de vivre. (La *Bio-Énergie*, Éditions du Jour, 1976, page 35).

2. Bron-Velay, *Pratique de la méthode VITTOZ,* Éditions du Levain, Paris, 1974.

L'auto-surveillance de ses actes

Le premier pas vers la concentration sensorielle consiste à surveiller ses gestes habituels, à faire l'auto-surveillance de ses actes afin de ramener ceux-ci dans le champ de sa conscience. On apprend à faire fonctionner son organisme comme on apprendrait à manoeuvrer n'importe quel autre appareil compliqué de manière efficace. De même que l'on apprend à "conduire" sa voiture, ainsi on apprend à *se* "conduire".

Précisons tout de suite que cette auto-surveillance *doit être sensorielle et non pas intellectuelle*. Il faut sentir au lieu de penser. Par concentration sensorielle on n'a pas à penser à ses actes, à les analyser ou à les disséquer, mais uniquement à les regarder, à se voir agir, à s'intéresser aux plus insignifiants d'entre eux, à être attentif aux plus petits mouvements.

Par exemple, je m'applique à prendre conscience des gestes les plus ordinaires que je pose. Ainsi: "je me lève de mon lit", "je me rends à la toilette", "je me lave la figure", "je me rase...", et *j'en suis pleinement conscient*. Quand je me mets en marche, je dois avoir la sensation nette du pied qui se pose, de la jambe qui bouge, de tout mon corps qui se déplace.

Ceci constitue un excellent exercice contre le *vagabondage cérébral* qui entraîne la pensée dans toutes les directions, sans ordre: associations d'idées successives, parenthèses jamais refermées, film d'images ne se fixant plus, hyperactivité allant jusqu'à la surexcitation.

La marche consciente

La marche consciente est une excellente application du principe de l'auto-surveillance de ses actes en même temps qu'un exercice fort simple. Elle est d'ailleurs proposée par le docteur Vittoz. Elle peut être exécutée en tout temps, en plein air, au travail, etc. Voici comment procéder:

- commencer par sentir à chaque pas le contact du sol et de la plante des pieds;
- puis le mouvement des genoux;

- celui des hanches;
- celui des jambes entièrement;
- ajouter les sensations du tronc, des bras, des épaules et éventuellement de la tête;
- enregistrer une sensation globale du mouvement de tout le corps.

Enfin, en prenant conscience du lieu, on doit arriver à une réceptivité générale, ouverte au décor et aux bruits qui nous environnent. L'impression vécue est celle de la souplesse, de la sûreté, sentie comme un accord parfait entre, le corps, et son centre directeur: le cerveau. On doit sentir que le premier obéit au second.

L'idéal serait d'ajouter à cet exercice de la marche consciente, la respiration consciente telle que nous l'avons exposée au chapitre précédent.

L'exercice des sensations conscientes

Chaque sens offre un domaine privilégié de sensations conscientes et revitalisantes.

1. Concentration tactile, le toucher

Touchez consciemment des objets de matière différente. Palpez-les: sont-ils froids, chauds ou durs? De quelle nature sont les matériaux qui les composent?

2. Concentration auditive

Portez attention aux différents bruits de votre environnement. Essayez d'être attentif à la nature, de capter le murmure de la source, le souffle de la brise, les trilles des oiseaux, les vibrations des feuilles. Laissez-vous *pénétrer par le son naturellement*. Soyez simple *récepteur* de sons. Écoutez avec plaisir et détente.

Une variante plus raffinée de cet exercice consiste à écouter sur disque une belle pièce de musique, de préférence orchestrale à cause de l'infinie diversité des sons et des nuances qu'elle présente alors. Choisissez des pièces évocatrices. En voici quelques-unes: *Les Quatre Saisons* (Vivaldi), *Sérénade* (Mozart), *Pastorale* (Beethoven), *Clair de lune* (Debussy), etc. Bien assis confortablement dans votre fauteuil, laissez-vous couler dans le mouvement, le rythme, les sonorités, en oubliant tout autour de vous. On connaît les propriétés thérapeutiques de la musique. Si elle apaise les moeurs, elle peut aussi rendre l'âme et le corps à eux-mêmes.

3. Concentration visuelle

Placez-vous devant un paysage pictural ou naturel. Observez-le en le détaillant par plans successifs ou par fractions. L'expérience peut se faire avec un objet familier. Regardez-le en détail. Détendez complètement vos muscles faciaux, ceux du front, ceux des yeux. Soyez attentif uniquement à ce que vous regardez. N'acceptez aucune autre idée dans le champ de votre conscience. Dissipez toute tension mentale. L'exercice doit se dérouler dans le calme et la passivité. Laissez l'objet entrer de lui-même dans votre oeil.

Si, durant de longues périodes, votre oeil doit se concentrer sur un objectif rapproché, regardez de temps en temps au loin. L'oeil est fait pour la vision à distance. La nature n'a pas créé le mécanisme visuel humain pour le travail prolongé à courte distance. Or, il apparaît que les demandes de notre civilisation toujours plus complexe entraînent de plus en plus de ce travail rapproché. Il en résulte donc un "stress" ou une tension dans les mécanismes visuels.

Surtout cillez souvent. Battez souvent des paupières. Les paupières servent à étendre sur l'oeil le fluide des larmes qui est aussi nécessaire à la santé de l'oeil que la circulation du sang est nécessaire à la vie. Il faut réapprendre à ciller toutes les 3 ou 5 secondes, dans la vie courante, comme pendant les exercices des yeux. Battez donc rapidement des paupières durant quelques secondes, puis ouvrez-les normalement sur l'objectif, en laissant l'image de l'objet pénétrer d'elle-même et normalement par les yeux.

Ces séances de concentration et de détente sont d'excellents moyens d'améliorer l'acuité visuelle. Elles aident à prévenir et à corriger les déficiences les plus courantes dues à une tension excessive imposée aux yeux et qui entraînent des modifications compensatrices dans le système oculaire.

Inutile de dire combien ces exercices et ces conseils sont recommandables à l'homme de bureau, à l'intellectuel et au chercheur qui doivent lire beaucoup ou qui doivent travailler en station immobile pendant des périodes prolongées. Ils éliminent la fatigue et augmentent le pouvoir de concentration intellectuelle.

Mais l'un des avantages les plus pertinents de la concentration visuelle reste la rééducation de la perception. L'intellectuel, habitué à conceptualiser, NE SAIT PLUS VOIR. "La plupart des gens, nous dit Valéry, voient par l'intellect bien plus souvent que par les yeux. Au lieu d'espaces colorés, ils prennent connaissance de concepts. Une forme cubique, blanchâtre, haute et trouée de reflets de vitres est immédiatement une maison pour eux: la Maison" [3]. C'est dire que nous substituons aux choses, telles qu'elles s'impriment sur notre rétine, une image abstraite et conventionnelle: "l'idée" telle une étiquette collée sur ce que nous voyons, et qui, en réalité, nous empêche de voir. Nous sommes, par exemple, au bord de la mer. Une forme paraît à l'horizon. Qu'est-ce? Telle est la question qui se posera naturellement à notre esprit en quête de savoir. La réponse ne se fera pas longtemps attendre. Un vaisseau, dira notre esprit. Et ayant *su,* nous aurons nommé, et nous aurons cessé de *voir.* Si, au contraire, nous savons voir et, qu'au lieu de vouloir identifier, nous laissons nos yeux "errer" contemplativement, c'est-à-dire avec détachement, sur cette forme, nous pourrons dans notre naïve ignorance y voir ce que nous voudrons. Nous sommes dans un domaine purement sensoriel — féérique — où les choses ne sont que ce qu'elles paraissent être et n'ont pas encore de nom.

4. Concentration olfactive

Ici, l'attention s'attarde aux odeurs. Je me rappelle cette page très belle d'Albert Camus qui ouvre l'essai intitulé *Noces.* On ne peut trouver meilleur exemple de l'attitude réceptive que nous préconisons. L'auteur témoigne d'une acuité sensorielle peu commune. Il a développé à un degré de raffinement extraordinaire ses facultés de sentir et de percevoir. Je vous livre un passage d'une étonnante beauté, où l'auteur déifie la nature qu'il découvre lors de son passage

---

3. Paul Valéry, *Oeuvres complètes,* La Pléiade, tome I, Paris 1973, p. 1165.

à Tipasa, ville d'Algérie. Lisez ce texte comme un exercice de détente, en savourant chaque mot, chaque image. C'est un foyer de sensations conscientes et cosmiques.

Au printemps, Tipasa est habitée par les dieux et les dieux parlent dans le soleil et l'odeur des absinthes, la mer cuirassée d'argent, le ciel bleu écru, les ruines couvertes de fleurs et la lumière à gros bouillons dans les amas de pierres. Certaines heures, la campagne est noire de soleil. Les yeux tentent vainement de saisir autre chose que des gouttes de lumière et de couleurs qui tremblent au bord des cils. L'odeur volumineuse des plantes aromatiques racle la gorge et suffoque dans la chaleur énorme. À peine, au fond du paysage, puis-je voir la masse noire du Chenoua qui prend racine dans les collines autour du village, et s'ébranle d'un rythme sûr et pesant pour aller s'accroupir dans la mer.

(...)

Que d'heures passées à écraser les absinthes, à caresser les ruines, à tenter d'accorder ma respiration aux soupirs tumultueux du monde! Enfoncé parmi les odeurs sauvages et les concerts d'insectes somnolents, j'ouvre les yeux et mon coeur à la grandeur insoutenable de ce ciel gorgé de chaleur. Ce n'est pas si facile de devenir ce qu'on est, de retrouver sa mesure profonde. Mais à regarder l'échine solide du Chenoua, mon coeur se calmait d'une étrange certitude. J'apprenais à respirer, je m'intégrais et je m'accomplissais.*

Cet extrait de Camus nous situe au coeur même de l'expérience que nous poursuivons. Car c'est précisément cette présence à la réalité que vise l'exercice de la concentration sensorielle. Il s'agit de développer une philosophie de retour aux sources originelles, aux valeurs primitives un peu comme le fait l'enfant qui entre dans le monde et qui le découvre. Chaque bruit, chaque mouvement pour l'enfant est une découverte qui subjugue tout son être et polarise son attention. Comme le primitif, il vit non pas à côté ou en marge de la nature, mais par la nature; il est nature.

---

* C'est nous qui soulignons.

Il faut être récepteur et non pas émetteur

La démarche la plus importante pour celui qui veut entreprendre la rééducation du contrôle cérébral, telle que préconisée par le docteur Vittoz, est la conquête de la *réceptivité.*

La réceptivité! Comment la définir? C'est cette attitude qui fait que ce n'est pas l'individu qui va chercher l'objet de ses sensations (vue, ouïe, odorat, toucher, etc.) mais bien l'objet qui vient à lui, sollicitant ses sens. Nous sommes à la remorque de la nature et des objets.

Le docteur Vittoz définit la réceptivité comme la première fonction du cerveau, celle de "l'enfant au réveil". Elle est mise en opposition à *l'émissivité* qui est fonction acquise. Pour bien saisir la différence, mettons en parallèle les deux fonctions:

		Niveau		*Action*
réceptivité	=	sensation	=	recevoir des sensations
émissivité	=	pensée	=	émettre des pensées

L'attitude de l'enfant que nous venons d'évoquer, illustre parfaitement bien la nature de l'expérience que nous décrivons ici. L'enfant est abandon. Il ne porte aucun jugement sur les êtres et les choses. Il ne procède pas par comparaisons ou associations d'idées. Il reçoit et enregistre tout simplement. Son cerveau est en disponibilité constante pour recevoir. L'adulte, au contraire, ne s'arrête plus aux sensations comme telles. Il les classe selon des critères rationnels comme l'utilité, la contingence, etc. Il tend ainsi à perdre la réceptivité gratuite.

La réceptivité conditionne l'émissivité

La réceptivité conditionne également l'émissivité et l'objectivité. Car la réceptivité s'étend non seulement aux sensations, mais aux actes (conscients), aux sentiments, aux événements, à l'idée et à la volonté.

On produit mieux après avoir perçu des sensations nettes et conscientes. Voici un exemple: lorsqu'un homme d'affaires se rend auprès d'un client particulièrement réfractaire, il aura tendance à penser à cette entrevue tout en conduisant sa voiture, ce qui est le meilleur moyen d'arriver nerveux à destination. À cette nervosité, ajoutons le stress et la tension engendrés par l'exigence de l'amabilité professionnelle. S'il avait profité du trajet pour être consciemment à son volant, il se serait soustrait à la rumination de son cerveau qui aurait d'autant mieux repris l'émissivité qu'il en aurait été reposé.

L'habitude de percevoir des sensations franches, exactes, l'habitude du contact vrai avec le monde et autrui, vidé de tout égocentrisme, de toute interprétation personnelle, émotionnelle, de toute subjectivité mène droit à *l'objectivité*.

Enfin, l'exercice de la réceptivité nous apprend l'abandon. Entendons-nous sur ce terme: il ne s'agit ni de laisser-aller, ni de défection de quelque ordre que ce soit. Cet abandon est dirigé, voulu, contrôlé. Il est actif car il est une prise de position impartiale qui parfois, impose un réel sacrifice intellectuel: laisser son jugement de côté et mettre son cerveau en disposition de recevoir. Abdiquer ainsi sa pensée représente un déchirement pour certaines personnes; elles croient renoncer à leur personnalité alors qu'au contraire, elles vont l'affirmer. C'est une véritable audace aussi, car il faut oser se quitter en quelque sorte, sans savoir ce qui en résultera puisqu'on n'y avait jamais eu recours précédemment.[4]

La pratique de la réceptivité refait l'équilibre psychique et intellectuel. Elle nous soustrait aux mouvements passionnels, aux jugements émotionnels tout en créant une attitude saine sur le plan intellectuel. Le docteur Vittoz affirme qu'en *devenant réceptif, on devient meilleur émetteur.*

Conclusion

La méthode complète du contrôle cérébral telle que préconisée par le docteur Vittoz comporte deux moyens parallèles:

---

4. Op. cit. page 40.

1. des EXERCICES MENTAUX destinés à regénérer le fonction-nement du cerveau;

2. des ACTES CONSCIENTS qui donnent au sujet des habitudes saines de nature à rétablir l'équilibre cérébral de façon perma-nente.

Dans ce chapitre, nous avons parlé exclusivement du second moyen. Pour ceux qui aimeraient pousser plus loin l'expérience du contrôle cérébral, nous recommandons les ouvrages suivants:

• Bron-Velay, *Pratique de la Méthode VITTOZ*, (cet ouvrage a déjà été cité et la référence complète figure dans la bibliographie).

• Docteur Roger Vittoz, *Traitement des psychonévroses par la rééducation du contrôle cérébral*, J. B. Baillière et fils éditeurs, Paris, 1967.

• *Le docteur Vittoz et l'angoisse de l'homme moderne*, Éditions du Levain, Paris. Préfacé par le docteur Paul Chauchard, cet ouvrage contient entre autres les "Notes et pensées" du docteur Vittoz et une bibliographie (livres, thèses, articles) sur sa méthode.

• Docteur P. D'Espiney, *Une philosophie pratique de la vie. La psy-chothérapie du docteur Vittoz,* Librairie P. Téqui éditeur, Paris.

L'efficacité de cette méthode tient au fait que le contrôle cérébral commence avec la maîtrise d'un mouvement, d'un geste, ce qui est beaucoup plus facile que la maîtrise d'une idée ou d'un état psychique. D'autre part, le contact direct avec le monde, la nature telle qu'elle est, permet d'accomplir de façon naturelle l'unité de la personne dans l'espace et le temps et d'atteindre ainsi l'harmonie totale.

Pour ceux qui souffrent de maladies nerveuses, cette méthode constitue une véritable "synthèse de reconstruction" personnelle beaucoup plus qu'une hygiène mentale, un mode de vie.

Chapitre IX

L'énergie sexuelle

La sexualité, une force

La sexualité est liée à de multiples phénomènes de la vie. La façon dont chacun l'exprime et y réagit est déterminée par des facteurs biologiques, physiologiques et psychologiques. La sexualité est également conditionnée par le milieu social dans lequel elle se développe. Longtemps régie par les institutions les plus sacrées et les mieux enracinées dans la collectivité, elle a été l'objet, ces dernières années, des expériences les plus libérales et parfois les plus farfelues: en voulant la libérer des mythes et des tabous, on a élaboré à son sujet des théories souvent douteuses.

Traditionnellement, l'acte sexuel est apparu avant tout comme le moyen d'atteindre la propagation de l'espèce. Il faut reconnaître cependant que le fonctionnement normal du sens génésique exerce aussi une action bénéfique sur les forces physiques et psychiques; il contribue à l'équilibre affectif et à la stabilité émotive, se réflétant ainsi sur tous les aspects de la vie. À ce titre, la sexualité fait partie de l'ensemble de la personnalité dont elle constitue, sans aucun doute, l'un des facteurs déterminants. Il importe donc de soumettre son comportement sexuel aux principes d'une saine connaissance des lois qui en régissent le fonctionnement. Les lignes qui vont suivre — sans être un cours complet de sexologie — peuvent apporter un éclairage particulier sur le sujet.

Les fonctions des glandes sexuelles

Les glandes sexuelles de l'homme et de la femme ont deux fonctions nettement distinctes: elles produisent des sécrétions internes et externes. Les sécrétions externes ont comme rôle d'assurer la reproduction de l'espèce humaine; les sécrétions internes contribuent à la vitalité du corps même. Ce phénomène prend une importance capitale durant la seconde moitié de l'existence puisqu'il conditionne la perpétuité de la vitalité et du bien-être.

À un certain âge cependant, les sécrétions internes et externes des testicules commencent à diminuer. C'est un symptôme de sénilité générale. Le vieillissement des glandes endocrines est plus important pour l'organisme que celui des autres organes. En effet, le tarissement progressif de la sécrétion interne des testicules en diminue l'influence vivifiante sur les différentes fonctions organiques, et sur l'organisme tout entier; c'est ainsi que l'atrophie sénile des glandes sexuelles hâte la décrépitude du corps et souvent celle de l'esprit.

Le ralentissement avec l'âge de la puissance sexuelle chez l'homme correspond à la ménopause chez la femme. Cette transformation arrive cependant de façon moins radicale et subite chez l'homme que chez la femme.

La ménopause se définit comme la période où surviennent des changements dans le fonctionnement des organes reproducteurs de la femme. Il y a régression et, finalement cessation du fonctionnement des glandes sexuelles de sorte que la femme ne peut plus être fécondée. Ce phénomène apparaît ordinairement entre 45 et 55 ans.

Du point de vue psychologique, la femme qui entre dans la phase de la ménopause éprouve une certaine appréhension. La signification que prend pour elle ce nouveau phénomène n'est pas toujours conscient, mais il influence son comportement. Elle entretient le préjugé que son activité sexuelle est menacée et que la tiédeur s'en-suivra chez son mari. En fait, l'activité sexuelle peut se poursuivre longtemps, et même très longtemps même si cette activité va dimi-nuant avec l'âge.

Souvent un sentiment d'inutilité provenant du fait qu'elle ne peut plus avoir d'enfants provoque chez la femme un état dépressif. Elle a l'impression qu'elle n'a plus aucun rôle à jouer et que son mari, ses enfants et son entourage ne peuvent ou ne veulent plus l'aimer. Il est évident qu'avec la ménopause, la femme ne peut plus avoir d'enfants. Mais cela ne marque pas la fin de sa vie sexuelle; elle peut encore aimer et être aimée de son mari comme auparavant. Il n'y a donc pas lieu d'éprouver par anticipation un sentiment de frus-tration à cette époque de la vie.

Comment maintenir en forme le système sexuel

Lui imposer une activité adéquate

Le meilleur moyen d'éviter le tarissement hâtif de ses glandes sexuelles est de leur imposer une activité adéquate, régulière, pas trop exagérée mais pas non plus trop restreinte.

Le docteur Th. van de Velde écrit à ce sujet: "Tout organe s'étiole et dépérit par une activité trop restreinte ou déficiente. Nous autres, médecins, rencontrons, à chaque instant, des "atrophies de non-activité", et nous attirons sur ce fait l'attention de nos clients. Pourquoi n'attirerions-nous pas également l'attention sur le fait que l'inactivité des testicules hâte la sénescence, et exerce, partant, sur l'individu entier une influence défavorable et atrophiante, tandis qu'une activité adéquate desdits organes, qui peut persister jusqu'au seuil de la grande vieillesse, conserve jeunes aussi bien les organes eux-mêmes que l'homme tout entier. Il y a évidemment des cas où il serait dangereux d'encourager les vieillards à la cohabitation et j'in-siste particulièrement sur cette réserve".[1]

---

1. Th. van de Velde, *Le Mariage parfait,* Éd. Albert Müller, Zurich 1968, p. 129.

En temps normal cependant, il n'y a guère de danger de commettre d'excès sur ce point. La nature, en effet, est dotée d'un frein qui consiste à la perte d'acuité sensorielle à mesure que l'énergie s'épuise.

Les vitamines de la sexualité

La santé glandulaire exige un apport adéquat en protéines, ainsi qu'en vitamines A, C, E ainsi qu'en vitamines du groupe B. On sait que la levure de bière et le yogourt sont les aliments les plus riches en vitamines du groupe complexe B. Le yogourt, comme nous l'avons vu, possède la faculté d'isoler les vitamines B dans l'intestin. Quant à la vitamine A, elle est indispensable pour la santé des ovaires et de la prostate; c'est encore elle qui contrôle le rythme du cycle menstruel. La vitamine E joue un grand rôle dans la formation et le bon état des spermes. Une insuffisance de cette vitamine entraîne l'atrophie de l'appétit sexuel. Ajoutons que l'activité sexuelle diminue progressivement lorsqu'elle ne reçoit pas sa ration de fer et de vitamine C.

Une alimentation riche

La façon la plus sûre de maintenir et d'entretenir la santé des glandes sexuelles, celle qui permet d'obtenir des résultats quasi permanents, repose sur un régime alimentaire bien conçu. On sait que le coït est conditionné par une nourriture riche, cependant qu'une alimentation pauvre agit de manière défavorable sur les fonctions sexuelles.[2]

L'alimentation à base de chair animale, et en particulier de gibier, favorise les désirs sexuels, les excite. Par ailleurs, on sait depuis fort longtemps que les oeufs exercent une action bénéfique sur le système sexuel, aussi bien comme stimulant que comme reconstituant après les excès; il semble qu'ils favorisent également la production du sperme.

---

2. *Op. cit.*, pages 249 et suivantes.

Parmi les aliments excitants classés comme excellents, on retrouve aussi le céleri, les artichauts et surtout l'asperge. Ajoutons un certain nombre d'épices comme le safran, la cannelle, la vanille, le poivre, la menthe poivrée et le gingembre.

Les excitants comme l'alcool, le café et le tabac, pris en petites quantités, peuvent avoir un certain effet sur le comportement sexuel: ils agissent de façon inhibitrice dès que l'on dépasse la mesure. L'abus de ces excitants, même si ceux-ci peuvent provoquer momentanément des excès sexuels, produit à long terme des effets nocifs sur les fonctions génésiques.

Le fameux GINSENG

L'utilisation du ginseng comme excitant sexuel connaît une grande vogue présentement. Cette plante dont le nom signifie "racine de vie" et qui nous vient d'Orient, est entourée de légende et de sacré. Beaucoup de textes anciens de médecine chinoise parlent de cette plante dont l'origine remonterait à environ 2000 ans.

Les commerçants qui vendent le ginseng affirment qu'il possède des vertus miraculeuses, un pouvoir extraordinaire d'augmenter non seulement la puissance sexuelle, mais aussi la vitalité et la longévité, sans compter toute la panoplie de maux qu'il est censé guérir. Il faut admettre que son efficacité est fortement contestée aujourd'hui par des hommes de sciences.

Dans un numéro du magazine de l'Office de protection du consommateur, on met sérieusement en garde contre la publicité faite au ginseng. Son prix élevé semble absolument injustifié en regard des résultats obtenus. On rapporte à ce sujet les propos de monsieur Guy Thibodeau, secrétaire adjoint de l'Ordre des pharmaciens du Québec: "Il n'y a, dit-il, aucune substance dans le ginseng qui a des propriétés pharmacologiques. L'American Medical Association, entre autres, et plusieurs associations pharmaceutiques se sont penchées sur cette plante dès 1975 et ne lui ont reconnu aucune efficacité thérapeutique".[3]

---

3. Louise Langevin, "Des rêves en pot, en sachets, en flacons...", dans la revue "Protégez-vous", septembre 1978, pages 16-18.

L'efficacité légendaire de cette plante tient beaucoup plus du mythe que de la réalité. Il faut reconnaître cependant qu'elle produit un certain effet stimulant sur le système nerveux.

Le mythe du défoulement sexuel

La maîtrise sexuelle

Parler de maîtrise sexuelle dans une société aphrodisiaque qui prêche l'expression libre des instincts et qui multiplie les désirs de toutes les façons possibles, semble paradoxal et pour le moins malvenu. Et pourtant, je n'hésiterai pas à proposer *la maîtrise sexuelle comme facteur d'énergie*. Non pas la maîtrise qui est annihilante, mais celle qui est génératrice d'énergie physique, intellectuelle et morale.

Pour beaucoup, l'homme viril s'évalue à ses réserves séminales, à sa semence qu'il peut prodiguer à tout vent et à ses possibilités de connaître les expériences sexuelles les plus variées. Voici ce qu'écrit un philosophe sexologue qui se fait en cela l'écho de la société actuelle: "La signification de la chair est d'être pleinement révélée, d'occuper tout l'espace qui lui est réservé et de s'étaler sans pudeur avec une sorte de surabondance pâmée".[4]

Dans notre contexte social de sensualité et de manque de maîtrise, les gens sont imbus de préjugés en matière sexuelle. L'activité génitale est présentée comme une nécessité, alors que la continence et la maîtrise sexuelle apparaissent comme des prouesses d'une ascèse contre nature, sinon dangereuse pour la santé. On souligne le danger d'être entravé et sexuellement diminué.

Voulant à tout prix libérer l'homme des vieux tabous et, comme l'enseigne la psychanalyse, éviter les dangers des refoulements sexuels, on a bien souvent rendu l'homme esclave de son sexe. Il est vrai que le mépris sexuel peut provoquer de graves névroses de refou-

---

4. Frans Manouvrier et André Moreau, *La Médiation sexuelle,* Librairie Liaisons, Montréal 1969, p. 38.

lement qui priveraient l'individu de la possibilité d'exercer normalement sa sexualité (impuissance, frigidité, inversions sexuelles, etc.). Mais une distinction importante s'impose ici. *Le besoin sexuel est peu de chose par rapport au désir sexuel qui est sans borne et qui se renouvelle à la moindre excitation.*

Contrairement à la plupart des instincts naturels, l'instinct sexuel diffère des autres besoins de l'organisme en ce que sa non-satisfaction n'entraîne pas de danger pour la vie. La nature, en effet, a prévu un mécanisme de compensation, soit les émissions nocturnes chez l'homme et les phénomènes comparables à l'orgasme chez la femme, habituellement associés à des rêves érotiques.

De toute façon, l'inutilisation des glandes génitales ne peut nuire à l'épanouissement du sexe psychosociologique. "Nous envisageons beaucoup trop, écrit le docteur Paul Chauchard, la sécrétion externe du testicule et de l'ovaire en tant que producteurs de gamètes. Or, ce sont aussi des glandes endocrines productrices des hormones sexuelles. À ce titre, il sont des organes toujours actifs pour la virilité ou la féminité. Dans le cas de l'ovaire, le cycle sexuel est à la fois hormonal et producteur d'ovules: les deux fonctions ne sont pas dissociées et n'ont pas de rapport étroit avec l'acte sexuel. Dans le cas du testicule, la production hormonale, qui est permanente, n'est pas totalement dépendante de la production des gamètes et elle ne dépend surtout pas de leur émission que demande l'activité sexuelle. On peut même dire, comme le montrent certaines dissociations pathologiques, que l'activité endocrinienne virilisante est dans une certaine mesure d'autant plus grande que l'activité sexuelle est moindre: un individu stérile par atteinte de la fonction externe du testicule garde sa puissance sexuelle et sa virilité".[5] Ainsi, la sexualité entre dans la constitution de l'être même si elle n'est pas toujours exercée.

La sexualité, une puissance créatrice

La sexualité exerce une grande influence sur le psychisme, la force et la qualité de l'esprit. Les grands esprits (poètes, artistes,

---

5. Paul Chauchard, *L'Équilibre sexuel*, Éd. du Levain, Paris, p. 23.

leaders, etc.) sont en général des êtres fortement sexués. La sexualité est profondément créatrice.

Mais il est bien connu par ailleurs que les excès sexuels gênent considérablement l'activité intellectuelle et physique. Voyez l'ascèse à laquelle se soumettent les sportifs lors de compétitions. Il en est de même sur le plan intellectuel, comme le fait remarquer le docteur Alexis Carrel:

"On dirait que l'intelligence demande pour se manifester dans toute sa puissance, à la fois la présence des glande sexuelles bien développées, et la répression temporaire de l'appétit sexuel. Freud a parlé avec juste raison de l'importance capitale des impulsions sexuelles dans les activités de la conscience. Cependant ces observations se rapportent à des malades. Il ne faut pas généraliser ses conclusions aux gens normaux, ni surtout à ceux qui possèdent un système nerveux résistant, et la maîtrise d'eux-mêmes. Tandis que les faibles, les nerveux, les déséquilibrés deviennent plus anormaux à la suite de la répression de leur appétit sexuel, les êtres forts sont rendus plus forts encore par cette forme d'ascèse." [6]

L'instinct sexuel, en effet, diffère des autres besoins naturels en ce qu'il est susceptible d'un mode d'accommodation particulier: la substitution. L'homme ne s'accomplit pas par suppression mais par sublimation ou encore par transformation. On ne peut tromper la faim ou la soif, mais on peut transférer l'ardeur sexuelle vers d'autres intérêts, par un don de soi à des activités de transfert: sport, oeuvres sociales, arts, écriture, etc.

Ainsi, la continence ou la non-utilisation périodique de son sexe est loin d'être un comportement négatif; elles apparaissent, au contraire, comme l'élément suprême de l'expression de la sexualité humaine qui dépasse infiniment le génital et ses lois pour vivifier tout l'être.

---

6. Op. cit. page 207.

Chapitre X

Le travail,
c'est la santé

Sans le travail, la vie pourrit, mais quand le travail est sans âme, la vie étouffe et meurt.

Albert CAMUS

Le corps vivant est plus beau qui souffre par l'idée et se guérit par l'action.

ALAIN

Développer une attitude positive devant le travail

Le travail est une nécessité biologique

Un ouvrage médical mentionne quelques-uns des avantages du travail mis à part le prix que nous en recevons: c'est un exercice physique et mental sans lequel nous tomberions malades et dépéririons; il est essentiel au développement de la personnalité; il nous tient en rapport avec le reste du monde et, ce qui est très important du point de vue physique, il nous fait goûter les plaisirs du repos. Ces quelques avantages soulignent le caractère essentiel du travail. Il est aussi naturel à l'homme que la nourriture, l'air ou les contacts sociaux. Pour ne pas perdre leur efficacité, les muscles, le cerveau et les autres organes doivent travailler. La première règle doit donc être: *quand tu travailles, prends cet exercice comme un acte essentiel à ta santé.*

Sur le plan psychologique, le travail contribue à l'équilibre et au développement personnel de l'homme. Le but du travail n'est pas tant de faire des objets que de faire des hommes. L'homme se fait en faisant quelque chose. Il est heureux quand il crée, quand il s'exprime d'une certaine façon. Toute activité physique contribue à l'expression de soi. On s'exprime par tout acte qu'on accomplit, du plus simple comme manger et dormir, au plus élaboré comme chanter ou danser. L'homme d'affaires s'exprime en faisant une transaction, en présentant un projet; l'artiste s'exprime en faisant de la musique, un tableau, une sculpture; l'ouvrier, quand il réussit un meuble. Il n'y a équilibre que dans l'action par laquelle l'homme recrée sa propre vie dans le travail.

Les conditions pour que le travail contribue à l'épanouissement personnel

Il existe cependant certaines conditions pour que le travail contribue vraiment à l'expression de soi et à l'épanouissement personnel; autrement il brime au lieu d'épanouir. Parmi ces conditions, il faut mentionner *l'amour, la concentration, le goût de l'excellence et de la perfection en toute chose et la planification.* Ces quatre facteurs m'apparaissent essentiels parce qu'ils sont à l'origine de tout travail bien fait, de toute réalisation importante, de toute entreprise réussie. Ils ne tiennent aucunement de l'héroïsme. Le secret, c'est de les appliquer tant dans les actions les plus banales que dans la réalisation d'un grand projet.

Comment travailler

Aimer ce que l'on fait

L'amour comme source d'énergie physique et psychique est universel. Teilhard de Chardin parle de l'amour comme de la plus formidable et de la plus mystérieuse des énergies cosmiques.[1] L'homme qui aime vraiment son travail revient, après le repos, avec une évidente satisfaction. Quand un être fait corps avec son métier ou sa profession, il lui semble, dès qu'il cesse de travailler, que sa vie s'arrête. Ceux qui ont travaillé et ont connu de grands succès ont vécu très vieux. Prenez Pablo Casals, Churchill, Albert Schweitzer, Toscanini, De Gaulle, Picasso. Tous ces hommes ont vécu 70, 80 et même 90 ans. Et cette longévité tient à l'amour qu'ils portaient à leur travail.

Être toujours attentif
à ce que l'on fait

L'attention est une forme d'énergie. Elle est un état que l'être entier épouse pour réaliser quelque chose. Tout le corps et tout l'esprit se concentrent sur l'action à faire. Il s'agit de travailler plainement, tel un feu de joie; un feu qui ne fait pas seulement fumer mais qui se consume totalement. La règle d'or du travail tant physique qu'intellectuel peut se traduire ainsi: "Ne tolère ni de demi-travail, ni de demi-repos. Donne-toi tout entier ou détends-toi absolument". C'est ainsi que travaillent les grands hommes, les grands esprits: découvreurs, artistes, génies. Ils possèdent au plus haut degré le don de concentrer entièrement leur esprit sur une seule action, un seul problème, une seule idée en oubliant tout le reste.

Mais comment parvenir à la concentration? Je vous conseille de commencer par des exercices très simples et très courts: lire une dizaine de lignes puis en faire le résumé oral ou écrit; résoudre un problème; suivre une émission radiophonique de quelques minutes; tout cela, en arrêtant toute distraction, soit toute pensée étrangère au sujet pendant un temps déterminé. Augmenter la période de temps alloué à la mesure des succès obtenus. Ne pas forcer, le jour où le cerveau se montre moins disponible.

Rappelez-vous cette pensée de Vauvenargues: "Quiconque a l'esprit véritablement profond, doit avoir la force de fixer sa pensée

1. Teilhard de Chardin, *L'Énergie humaine*, Éd. du Seuil, Paris 1962, p. 40.

fugitive, de la retenir sous ses yeux pour en considérer le fond et de ramener à un point une longue chaîne d'idées."

Fais bien ce que tu fais

"Fais bien ce que tu fais" est la traduction d'un vieux proverbe latin "Age quod agis". Il ajoute l'idée de perfection à l'acte et à l'agir en général. Quelqu'un qui cherche la perfection dans ce qu'il fait aime travailler tandis que celui qui agit négligemment se fatigue et perd le goût de travailler. On dit du grand joueur de tennis Jimmy Connors qu'il essaie de gagner chaque coup particulièrement, comme s'il s'agissait de toute la partie. Il doit en être ainsi dans la vie; chaque action, chaque geste posé entren dans la chaîne de l'existence et sont aussi importants les uns que les autres. Ils méritent d'être faits avec toute l'attention dont on est capable.

Le culte de la perfection du geste donne de l'endurance dans l'action, développe le goût d'agir. L'intérêt que l'on porte à ce que l'on fait abaisse le seuil de la fatigue et procure une grande satisfaction. Le métier et l'existence doivent être, selon cette belle formule de Jean Guitton, les deux moments d'une même respiration.

Planifier son travail

Nietzsche a écrit cet aphorisme qu'il faudrait graver partout où il y a des hommes qui travaillent: "Les vérités les plus précieuses sont celles que l'on découvre en dernier lieu; et ces vérités les plus précieuses, ce sont les méthodes." On rencontre des gens qui sont toujours débordés par le travail. Ils entreprennent plusieurs choses en même temps; ils sont obligés de reprendre deux ou trois fois le même travail et n'arrivent pas à le finir à temps. Résultat: ils vivent constamment hantés par la crainte de ne pas tout faire ce qu'ils ont prévu et finalement, ils perdent le contrôle d'eux-mêmes. Ces hommes manquent de méthode.

Avant d'entreprendre un travail, il faut d'abord bien connaître le but que l'on veut atteindre et réfléchir sur les bons moyens pour y parvenir afin d'éviter les efforts inutiles. La méthode est l'art d'obtenir le maximum de résultat avec le minimum d'effort. Bergson donnait ce conseil: "Il faut agir en homme de pensée et penser en homme d'action".

Bien penser, cela veut dire choisir en premier lieu le travail par lequel on va commencer; aller du plus facile au plus difficile. Déterminer ensuite comment le travail sera fait. C'est le choix de la méthode. Mieux vaut avoir une bonne idée et la mettre en pratique que d'en avoir dix et ne pas les exploiter. On ferait bien aussi de prévoir les difficultés possibles. En tout temps, on doit se rappeler que *clairvoyance vaut mieux que voyance*. Il ne faut surtout jamais remettre à plus tard ce qui déplaît sur le coup, ou ce qui présente quelque difficulté. L'attitude classique que l'on retrouve chez celui qui veut éviter un travail consiste à se livrer à de petites occupations secondaires, cherchant ainsi à apaiser sa conscience. L'individu dépense ainsi plus d'énergie à chercher par quel moyen éviter une tâche qu'il lui en faudrait pour l'accomplir. L'appréhension d'une besogne le préoccupe à tel point qu'il est incapable de bien accomplir ses autres tâches et c'est toute la vie qui en souffre.

Conclusion

Les règles de travail exposées dans ce chapitre pourraient constituer les principes premiers d'une philosophie de l'action. Elles engendrent l'efficacité, la perfection et surtout, elles développent le goût d'agir. Si l'on se rappelle que le travail est intimement lié à l'accomplissement personnel, il vaut certes la peine de les appliquer. Ainsi, loin d'être une pure dépense d'énergie, le travail devient générateur de force et d'équilibre.

Chapitre XI

Le repos

L'art de se reposer fait partie de l'art de travailler.

Marcel PAGNOL

Le sage accomplit sans agir.

TAO TÖ KING

L'importance biologique du repos

Pour beaucoup de personnes, le temps consacré au repos apparaît être une perte de temps. Pris dans l'engrenage du quotidien, ils négligent de se reposer. La société contribue pour une large part à engendrer cette attitude. Peut-être en raison de notre éthique du travail, considère-t-on, à tort, une personne qui prend quelques moments de repos comme improductive et paresseuse. Mais *l'organisme humain ne peut vivre sans l'alternance du travail et du repos.*

Il y a longtemps que la médecine a reconnu que le repos conditionne les processus réparateurs. Qu'il s'agisse des mécanismes naturels de régénération comme le sommeil et le rêve ou du repos au cours d'un travail comme la relaxation, le corps reconstitue automatiquement les ressources de l'organisme. Le repos déclenche une série de changements spontanés et régénérateurs. Pour conserver leur rôle vital, le coeur et les poumons doivent fonctionner selon un cycle où alternent repos et travail. Il en est de même du système nerveux qui se remet du stress accumulé par le travail et les événements de la vie.

Comment équilibrer le stress

Ce qu'il faut savoir sur le stress

Nous utilisons souvent le terme *stress* pour désigner les divers problèmes d'ordre physique ou psychique qui nous affectent. Les médecins l'emploient pour caractériser non seulement un état d'énervement ou de tension, mais encore la lutte même que nous menons contre cette agression et l'ensemble des réactions organiques marquant cette lutte.

Le stress, cependant, est un sujet dont il faut parler avec discernement. Les récents travaux du Docteur Hans Selye nous apprennent qu'il existe une tension saine et utile. Le stress fait partie de la vie et il faut l'accepter. Sans lui, il n'y aurait pas de réaction défensive de notre part et par conséquent nous n'accomplirions pas grand-chose. Selon le docteur Selye, le stress, s'associe aux stimuli tant agréables que désagréables de notre vie quotidienne.

Il se présente parfois des cas où l'on doive tout mobiliser pour faire face à une situation urgente. Cependant, cette situation ne peut constituer un état permanent. Demeurer toujours en alerte même quand ce n'est pas nécessaire, entretient une tension dangereuse, fatigante pour le corps et dommageable pour le psychisme.

L'exposition répétée à un stress excessif déclenche un processus de détérioration qui se manifeste sous plusieurs aspects. Il y a d'abord la prédisposition chronique à la maladie et en particulier aux maladies psychosomatiques comme l'anxiété, la frustration, la dépression, etc. L'activité quotidienne est souvent grandement affectée, tout particulièrement la clarté d'esprit et la capacité de décision. Étant donné la relation étroite qui lie les processus physiques, émotionnels et mentaux, le stress peut affecter toutes les phases de la vie d'un individu.

Effets du stress sur l'organisme

À toutes les fois qu'il y a agression, notre organisme se met en alerte. S'il ne trouve pas d'issue, il y a surproduction d'adrénaline et dès lors apparaissent les maladies et les désordres fonctionnels. Le

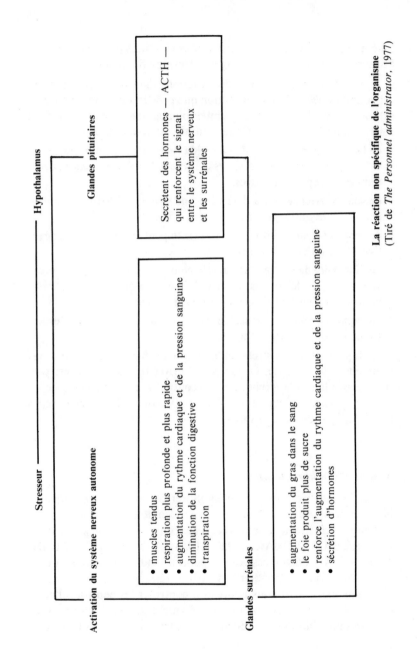

Stresseur ——— **Hypothalamus**

Glandes pituitaires

Secrètent des hormones — ACTH —
qui renforcent le signal
entre le système nerveux
et les surrénales

Activation du système nerveux autonome

- muscles tendus
- respiration plus profonde et plus rapide
- augmentation du rythme cardiaque et de la pression sanguine
- diminution de la fonction digestive
- transpiration

Glandes surrénales

- augmentation du gras dans le sang
- le foie produit plus de sucre
- renforce l'augmentation du rythme cardiaque et de la pression sanguine
- sécrétion d'hormones

La réaction non spécifique de l'organisme
(Tiré de *The Personnel administrator*, 1977)

133

schéma précédent illustre les différentes réactions physiologiques de l'organisme sous l'effet d'un agent stresseur défavorable.

Il faut noter que la force des réactions figurant dans ce tableau est conditionnée par l'interprétation que peut en faire l'individu. Son attitude psychologique peut diminuer ou augmenter le coéfficient de tolérance de l'organisme. Cette attitude est fonction, entre autres:

- **de la formation humaine de l'individu** (intellectuelle et morale): ses valeurs, ses connaissances, ses aptitudes ou ses besoins peuvent réduire la réponse de stress;
- **de son expérience:** s'il a déjà vécu une situation identique ou proche de celle qui engendre le stress;
- **du renforcement:** la situation stressante peut être positive ou négative selon qu'elle est acceptée ou subie;
- **de l'intensité de la stimulation:** elle peut être trop forte (une épreuve qui dépasse les forces) ou trop faible (l'absence totale de motivation pour un travail ou un projet à réaliser);
- **du support social:** la nature des relations personnelles et interpersonnelles qu'entretient l'individu.

Rappelons que le stress, qu'il soit favorable ou défavorable, est intimement lié à la vie. On ne peut l'éviter totalement. Il est possible cependant d'apprendre à le contrôler et à s'y adapter en maintenant un équilibre entre les situations stressantes et le repos physiologique de l'organisme.

Moyens d'équilibrer le stress

Il existe divers moyens d'équilibrer les excès en ce domaine. Nous en étudierons quelques-uns. Les techniques les plus efficaces reconnues actuellement par les chercheurs qui travaillent sur le stress sont le BIOFEEDBACK, la RELAXATION et la MÉDITATION. À l'aide de ces trois supports, l'individu apprend à contrôler son corps. Le premier fait surtout référence au contrôle physiologique; le second nous apprend à contrôler les dépenses d'énergie tandis que le troisième moyen débouche sur l'utilisation maximale des possibilités de l'individu. Nous traiterons de ces trois techniques. En ce qui a trait à la méditation, précisons qu'elle fera l'objet du dernier chapitre.

Qu'est-ce que le biofeedback?

Une approche nouvelle du corps humain

Le biofeedback, ou *rétroaction biologique,* se présente comme un modèle biologique thérapeutique nouveau dont le but est de rétablir l'état d'équilibre entre le psychisme et le corps. Il est né vers les années 60 des travaux de tout un groupe de chercheurs américains intéressés par ce que l'on appelle l'étude des *états altérés* de la conscience, et dont le principal investigateur est Charles T. Tart. Selon B.P. Green: "Tout changement d'état physiologique s'accompagne d'un changement approprié de l'état mental émotionnel, conscient ou inconscient, et similairement, toute variation d'état mental émotionnel s'accompagne de variations physiologiques." Le principe consiste à apprendre à modifier volontairement ses états mentaux et physiques.

On se sert du biofeedback pour réduire les effets du stress. Basé à la fois sur les sciences médicales et la psychologie, il s'avère également d'une grande utilité dans le traitement d'une multitude de maladies. Son champ d'action, selon les spécialistes, est quasi illimité. Il concerne presque tous les troubles émotifs, physiques ou psychosomatiques qui peuvent affliger un être humain.

L'originalité du biofeedback vient du fait qu'il utilise les processus mentaux pour régulariser et normaliser les fonctions physiologiques et vice-versa. On réussit ainsi à contrôler l'activité physiologique interne des différentes fonctions vitales.

Le fondement biologique du biofeedback

Les actes volontaires sont caractérisés par le fait qu'une activité du cerveau peut modifier l'activité du corps en lui proposant un but ou en déterminant préalablement un résultat final. Par exemple vous êtes aux prises avec un mal de tête ou une douleur quelconque. Vous vous dites: "Ça ne fait pas mal, je ne souffre pas". Ou bien "la douleur va s'en aller; la douleur s'en va progressivement''. Vous répétez ces phrases plusieurs fois d'affilée, appliquant le procédé de l'auto-suggestion. Et soudainement la douleur disparaît. Certains réussissent même à arrêter un saignement par le pouvoir du cerveau. Vous avez sans doute déjà vu ces expériences tentées en Inde par les Yogis qui réussissent à contrôler les parties les plus vitales de leur corps, à ralentir leur rythme cardiaque, à maîtriser leur respiration au point de pouvoir rester enfermés dans des boîtes hermétiques pendant plusieurs minutes, voire des heures. Les exemples sont nombreux où l'on peut observer ainsi l'influence du psychisme sur le corps ou le contrôle de l'esprit sur la matière.

Comment fonctionne le biofeedback

Le biofeedback est "un procédé ou une technique pour développer la *maîtrise volontaire* d'activités corporelles qui sont habituellement réflexes ou automatismes".[1] Ce contrôle s'effectue en faisant parvenir à la conscience des informations portant sur les activités biologiques, qu'elles soient physiques ou cérébrales.

Par l'intermédiaire d'un instrument électronique conçu spécialement à cette fin, on repère la fonction physiologique qu'on veut observer et on lit les informations sur l'appareil un peu comme on le fait quand on prend le pouls, la pression sanguine, la température, etc. On peut ainsi recueillir des informations sur le rythme cardiaque, la pression sanguine, le tonus musculaire ou les ondes cérébrales. L'emploi de cet appareil spécial n'est cependant pas indispensable, mais il présente l'avantage de fournir des informations précises. Son but — un thérapeute peut remplacer l'instrument — n'est que de fournir de l'information. Le reste appartient au patient qui est lui-même responsable du traitement.

---

1. Barbara B. Brown, *Stress et Bio-Feedback*, Éd. Étincelles, Montréal 1978, p. 15. Pour une étude plus complète du procédé et de ses diverses applications, nous renvoyons le lecteur à cet excellent ouvrage.

Le repos

Il serait bon ici d'expliquer la notion de repos souvent mal comprise. La physiologie distingue deux sortes de repos: le *repos passif* et le *repos actif*. Le premier s'acquiert dans la position horizontale, au lit par exemple, lorsqu'on dort, ou dans un fauteuil, assis mollement. Le repos actif s'obtient par une autre activité différente. Paradoxalement, la fatigue se combat souvent à l'aide de la fatigue, mais d'une fatigue différente de la fatigue initiale.

Voilà pourquoi un changement d'activité est, dans bien des cas, meilleur que le repos complet. Par exemple, l'intellectuel aura avantage à faire alterner le travail cérébral et le travail manuel. En général, il est fortement conseillé d'avoir des loisirs hors du champ principal, afin d'équilibrer l'action intellectuelle et l'action physique. C'est en même temps un excellent moyen d'éviter la frustration et le refoulement.

La relaxation

L'une des formes les plus efficaces de se reposer, de ménager l'énergie et de prolonger l'effort demeure la relaxation. *Faites l'expérience de la détente*. Il est facile de voir jusqu'à quel point nous sommes tendus en travaillant. Vous n'avez, par exemple, qu'à examiner vos muscles faciaux, ceux de vos yeux ou de votre estomac tandis que vous lisez ces lignes. La crispation est devenue une seconde nature. Même les jours où l'on croit s'être reposé, il arrive qu'on s'avoue mort de fatigue. Rappelez-vous que si *la tension continuelle est une habitude, la détente elle aussi en est une*. On peut parfaitement se défaire d'une mauvaise habitude, tout comme on peut acquérir une bonne habitude. N'oubliez pas qu'un muscle tendu est un muscle qui travaille.

L'un des plus bels exemples de relaxation que nous donne la nature est celui du chat. Observez le chat étalé au soleil; il dort à demi. Tout son être repose mollement sur le sol dans un état d'abandon complet. Chacun de ses muscles sont "relâchés". Quelle belle leçon de détente totale il nous donne! Pour acquérir la conscience de l'état de relaxation, il est conseillé de prendre d'abord conscience de l'état de crispation. Serrez un poing, lâchez... Serrez les mâchoires, relâchez... Crispez, puis relâchez le plexus solaire*. Suivez ainsi toutes les parties du corps, en mesurant la différence. L'exercice de la pesanteur a surtout pour effet d'amorcer la relaxation générale. L'affirmation de la pesanteur qui amène la détente de la musculature est suivie immédiatement par l'affirmation de chaleur. C'est l'indice que l'on est parvenu au stade de la relaxation totale.

La relaxation, "science du repos"

La médecine psychosomatique a fait de la relaxation une véritable science et a développé des méthodes et des techniques qui peuvent faire l'objet d'un apprentissage. Scientifiquement conçues, ces méthodes permettent d'obtenir un état de décontraction permanent; elles aident à supprimer certaines tensions dangereuses occasionnées par la suractivité et elles permettent d'équilibrer les trop grandes dépenses d'énergie par des exercices calculés de récupération salutaire.

C'est un fait maintenant reconnu que le repos dirigé exerce sur l'organisme une influence bienfaisante qui peut contribuer à retarder les phénomènes de sénescence et à prolonger sensiblement la vie, ou du moins à la rendre plus agréable dans le sens de l'équilibre retrouvé. La capacité de se détendre du reste est l'un des meilleurs symptômes de santé. Les docteurs Geissmann et Durand de Bousingen donnent les définitions suivantes de la relaxation:

• La relaxation est une technique de recherche du repos le plus efficace possible en même temps que d'économie des forces nerveuses mises en jeu par l'activité générale de l'individu.[2]

---

* Le *plexus solaire* est situé au creux épigastrique. On l'appelle le *cerveau abdominal*. C'est un plexus important qui agit sur l'émotivité.

2. R. Durand de Bousingen, *La Relaxation*, Paris, P.U.F., 1973.

• Une tentative de se libérer physiquement, mais aussi moralement, intellectuellement et affectivement d'une contrainte.[3]

La relaxation est donc une recherche de l'efficacité par l'économie des forces nerveuses en même temps qu'une forme de libération physique et mentale servant à la détente et au traitement de toutes sortes de déséquilibres physiques, moraux et psychiques. Les médecins, en scientifiques, travaillent à ériger la relaxation en système de détente dans un but tant préventif que thérapeutique. Voilà pourquoi de nombreuses méthodes médicales de relaxation ont été mises au point. On les classe généralement en deux groupes distincts.

Il y a d'un côté les méthodes d'origine physiologique où principalement, entrent en jeu les fonctions musculaires et leur mobilisation active ou passive; de l'autre, les méthodes avant tout psychologiques où sont sollicitées les fonctions psychiques. Les méthodes physiologiques dérivent presque toutes de la technique de E. Jacobson, et les méthodes psychologiques, du training autogène de J.H. Schultz.*

Le "training autogène" de SCHULTZ

La thérapie médicale du "training autogène" comporte des exercices physiologiques et mentaux. Ces exercices sont pratiqués plusieurs fois par jour jusqu'à ce que le sujet arrive à vaincre son état de stress d'une manière satisfaisante.

Ces exercices commencent d'abord par une phase de conditionnement intérieur par laquelle le sujet se prédispose au calme en utilisant des formules comme "le calme est en moi" ou "je suis complètement calme". Ce procédé n'a rien de l'auto-suggestion; il ne vise même pas au calme qui sera obtenu progressivement au cours

---

3. P. Geissmann et R. Durand de Bousingen, *Les Méthodes de relaxation*, Dessart, Bruxelles, 1968.
* Parmi les méthodes de détente, il faut mentionner la *méthode de rééducation du contrôle cérébral* dont nous avons parlé au chapitre 8.

des exercices. "Il s'agit d'une formule d'induction et non de suggestion permettant au sujet d'entrer dans un état de passivité productive".[4]

1er exercice: concentration sur la sensation de lourdeur ou de pesanteur dans les membres.

2e exercice: concentration sur la sensation de chaleur qui s'empare de chacun des membres, l'un après l'autre.

3e exercice: expérience du rythme cardiaque dans le but, non pas de l'accélérer ou de le ralentir, mais de "sentir son coeur battre" tout simplement.

4e exercice: concentration sur la respiration: elle se fait en respectant son rythme respiratoire naturel et en s'efforçant de "sentir l'air pénétrer en soi".

5e exercice: expérience de la chaleur abdominale située au creux épigastrique, au niveau du plexus solaire.

6e exercice: exercice de la tête (extrémité céphalique) par lequel le sujet entretient des impressions de fraîcheur sur le front.

Pendant tous ces exercices, le sujet est passif: il "laisse faire les choses". Cette attitude peut aboutir à un véritable état d'autohypnose, qui, comme le yoga, n'a pas que l'aspect passif de la somnolence mais comporte aussi une hyperactivité concentrée de type extatique.

La méthode JACOBSON

Jacobson pense qu'il existe une relation entre le vécu émotionnel et le degré de tension musculaire. Une tension musculaire constante ou sporadique entraîne une tension psychique indéniable. La méthode de Jacobson apprend à déceler les tensions musculaires résultant des tensions émotionnelles et à les relâcher, c'est-à-dire, à obtenir un meilleur contrôle de soi-même et de ses sensations musculaires. Les muscles ainsi détendus n'envoient plus de messages sensitifs ré-

---

4. Les docteurs Geissmann et Durand de Bousingen, op. cit., page 25.

flexes. On en arrive de cette façon à une meilleure économie d'énergie pour un meilleur rendement.

Cet état de relaxation est obtenu par une double prise de conscience:

• de la relaxation provoquée par la contraction musculaire;
• de la sensation provoquée par la détente musculaire.

En plus de ces deux types de relaxation, on pourrait mentionner *la relaxation différentielle*. Elle consiste à effectuer un minimum de contractions musculaires indispensables à l'exécution de l'acte, tandis que tous les autres muscles inutiles à cet acte sont relâchés. Jacobson suggère "de se relaxer jusqu'au maximum compatible avec le maintien d'une efficacité d'action".

L'importance de la détente mentale

La relaxation ne signifie pas uniquement le relâchement musculaire; en médecine psychosomatique, comme nous venons de le voir, la relaxation a pris un sens beaucoup plus large signifiant, en plus du relâchement musculaire, la détente nerveuse et cérébrale. Nous insistons sur cet aspect de la détente. Les psychiatres en effet déclarent que notre fatigue est causée en grande partie par notre attitude mentale et émotive; en fait, un épuisement d'origine purement physique est très rare. Ce n'est pas le travail lui-même, si ardu soit-il, qui nous fatigue, mais bien les conditions psychologiques dans lesquelles il s'effectue, tout comme les soucis, les contraintes et les inquiétudes qui en sont le cortège.

Souvent la tension intellectuelle provoque la tension musculaire; sans s'en rendre compte, on serre les mâchoires, les muscles des yeux, ceux du ventre, des jambes, etc. Comme le physique est étroitement lié au mental, toute contraction ou décontraction musculaire ou nerveuse est provoquée par une pensée: si nous sommes contrariés, nous fronçons les sourcils (contraction musculaire). Inversement, une contraction musculaire ou une décontraction agit sur notre pensée.

Une méthode de relaxation physique et mentale

Démarche

Le sujet est invité à prendre une position assise ou couchée, libre de toute tension mécanique. La meilleure position est la station allongée. Elle facilite la suspension des opérations mentales. En station assise on y parvient aussi quoiqu'un peu plus difficilement au début.

1er temps: *relaxation physique*

On s'applique d'abord à relâcher les muscles. Pour cela l'attention se porte sur la contraction et la décontraction d'un membre après l'autre. On porte son attention successivement sur les pieds (sont-ils relâchés? Je les sens lourds, lourds comme une masse), les jambes, les cuisses (reposent-elles de tout leur poids, sans aucune tension, sur le lit ou sur le fauteuil?) On passe ensuite à la poitrine. N'est-elle ni comprimée ni contractée? Les bras reposent-ils parfaitement? Je les sens lourds. Puis on passe au dos, au cou, à la tête. L'image à évoquer ici est celle du "plomb", métal à la fois lourd et malléable, qui rend bien l'idée de pesanteur dont il est question. (Vérifier si le corps repose de tout son poids. Laisser les paupières tomber à demi. S'imaginer voir les contours de son corps et exprimer intérieurement l'intention de "rentrer en soi-même", c'est-à-dire de rompre momentanément tout contact avec l'extérieur).

L'exercice est plus efficace lorsqu'on fait avec chaque membre l'expérience de la contraction avant celle de la décontraction selon le schéma suivant.

CONTRACTION — DÉCONTRACTION — RELAXATION

Ainsi, serrer très fort les muscles des pieds et des jambes avant de les relâcher amène une décontraction maximum. On peut obtenir le même résultat en tenant la jambe soulevée pendant quelque temps jusqu'au moment où on n'est plus capable de la soutenir. Ce conseil s'applique aussi à la détente des bras, de la tête, etc.

Après cinq à dix minutes de ce procédé, on ne tarde pas à éprouver une sorte d'engourdissement courir le long des muscles, impression qu'accompagne une sensation de repos complet.

2e temps: *relaxation mentale*

Si vous voulez obtenir le calme parfait pendant votre séance de relaxation, une fois les muscles totalement détendus, *faites le vide complet de votre esprit*. Pour cela il ne faut pas être gêné par les différentes images ou désirs qui se présentent à votre esprit et avec lesquels vous vivez. Ceux-ci sont la source d'activité fébrile et de tension. Il faut savoir abandonner son esprit pensant, son esprit affairé. Il s'agit, en d'autres termes, de soustraire son esprit aux sollicitations intérieures et extérieures.

Le meilleur moyen de trouver la sérénité parfaite est de ne retenir aucune idée, d'oublier complètement toute chose et de ne laisser de la pensée ni trace, ni ombre. Mais cela n'est pas facile. Pour vous aider, comptez les mouvements de votre respiration, ou concentrez-vous sur l'inspiration et l'expiration.

Une autre façon d'obtenir cet état est d'adopter une attitude totalement indifférente devant ce qui peut entrer dans l'esprit ou en sortir. N'essayez pas d'arrêter votre pensée. Laissez-la s'arrêter toute seule. Si quelque chose entre dans votre esprit, laissez entrer, et laissez sortir; cela ne restera pas longtemps.

La vacuité de l'esprit amène à la parfaite tranquillité mentale. On éprouve alors une sorte de repos dans l'absence, une vacance bienfaisante qui rend l'esprit à sa liberté propre.

Créer *"le réflexe de relaxation"*

En dehors de ces séances de relaxation, détendez-vous et décontractez-vous chaque fois que vous en avez l'occasion, ne serait-ce que quelques instants. En marchant dans la rue, entre deux entrevues, en dictant une lettre. Allez à la fenêtre et détendez vos membres, vos yeux, votre esprit. En auto, profitez du feu rouge pour reposer un instant vos jambes. Ces petits moments de détente pendant la journée vous aideront à accomplir votre travail avec moins de fatigue et constitueront une façon intelligente et efficace de traiter votre corps et votre esprit.

Qui veut aller loin ménage sa monture, dit le proverbe. Il existe un préjugé très courant qui consiste à croire qu'un travail difficile exige, pour être bien fait, une sensation d'effort. Cela me rappelle la fable de La Fontaine intitulée *Le coche et la mouche*. Pendant que le coche monte la côte lentement, inexorablement, tiré par trois forts chevaux, la mouche virevolte, tourbillonne, pique ici et là, se grise d'efforts, si bien qu'à la fin, épuisée, elle s'imagine avoir fait tout le travail.

Combien de nerveux, de gens stressés qui s'usent ainsi ressemblent à la mouche de la fable. Ils accordent trop d'énergie, trop de réflexion à des tâches que d'autres accomplissent sans y penser. Ils oublient que l'efficacité se mesure non pas à la fatigue ressentie, mais bien à l'absence de fatigue. Si, à la fin du jour, je me sens particulièrement las, ou si mon irritabilité trahit ma fatigue nerveuse, je peux affirmer que le rendement de la journée a été médiocre, aussi bien en ce qui concerne la qualité que la quantité utile de mon travail.

Le sommeil

Le sommeil est au cerveau ce que le repos est aux membres. Beaucoup sèment dans leur cerveau les germes de maladies incurables par une infraction prolongée à la loi du sommeil: veilles réitérées, dépenses exagérées d'activité. Ils dépassent les limites des ressources qui sont à leur disposition; ils font des dépenses supérieures à leur profits: bientôt c'est la FAILLITE.

Nous savons que nous n'avons pas tous besoin du même nombre d'heures de sommeil. Les variations selon les individus sont surtout importantes à l'âge adulte et peuvent aller de 6 à 10 heures de sommeil, la sieste comprise. Le travailleur intellectuel a besoin proportionnellement de plus de sommeil, parce qu'il dépense plus d'énergie nerveuse que le travailleur manuel.

Physiologie du sommeil

Une des théories sur la nature du sommeil montre que les cellules nerveuses, surtout celles du cerveau, ont une activité très intense pendant la journée. Dans ces cellules interviennent parfois des modifications très complexes, des changements de concentration de certains ions et substances, dus à l'usure: c'est la fatigue. Les cellules commencent alors à freiner leur activité. Cette diminution de l'activité, appelée inhibition, se répand rapidement et atteint toute l'écorce cérébrale ainsi que les zones qui se trouvent au-dessous d'elle. Extérieurement, l'inhibition se manifeste par l'apparition du sommeil.

Le sommeil permet l'élimination de tous les déchets cellulaires et la récupération de l'énergie. Il est une nécessité physiologique, un repos réparateur des forces musculaires, mentales et nerveuses. Il se caractérise par une dépression des sens, de la conscience et du tonus musculaire, sans diminution marquée toutefois du métabolisme et des fonctions végétatives qui restent entières. Cet état d'inconscience peut cesser sous l'effet d'une excitation.

Comment dormir?

Il existe plusieurs méthodes d'assurer un sommeil réparateur. Certaines tiennent du gadget. Celle que je suggère est naturelle et efficace: c'est la *méthode Jacobson.* Elle recommande d'abord de froncer les sourcils, puis de les détendre. De fermer violemment les paupières, puis de les relâcher. De contracter puis de décontracter tour à tour chaque partie du corps: la mâchoire, le cou, le front, les bras, la poitrine, les jambes. Enfin, on doit ralentir sa respiration, diminuant ainsi l'afflux d'oxygène dans le corps puisqu'il est démontré que le sommeil en nécessite moins: tentative atténuée, semble-t-il, de réflexe conditionné.

L'important est d'éliminer toute tension physique et mentale et tout stimulant. Évitez d'amener au lit vos problèmes et vos tensions nerveuses; il est recommandé de faire le point sur toutes les questions en suspens avant de se coucher de manière à ne pas être tenté de les résoudre au lit.

Le calme

Une vieille dame de 92 ans donnait le secret de sa longévité lors d'une émission de télévision: "je ne me suis jamais dépêchée, dit-elle, je ne me suis jamais choquée et je ne me suis jamais inquiétée. Tout finit par s'arranger. Des fois ça s'arrange mal, mais ça s'arrange toujours". Quelle attitude contrastante avec ceux qui veulent toujours aller plus vite, en faire plus qu'ils n'en font déjà, qui s'énervent à propos de tout et de rien. Leur comportement entraîne tôt ou tard des perturbations physiologiques: une augmentation du taux de cholestérol, du taux d'adrénaline qui passe de 36% en période d'activité chez les personnes calmes à 86% chez celles qui vivent stressées. Les crises cardiaques sont aussi, parmi ces gens, en moyenne six fois plus nombreuses.

Pour acquérir le calme il faut être capable de contrôler l'extériorisation de ses impressions. Ne jamais les laisser paraître sans le consentement de la volonté. Mais, direz-vous, ce calme n'est pas humain! Ce calme est un signe et une source de force. Tous les grands caractères sont calmes. Ils se possèdent. Ils se contrôlent.

Les faibles sont toujours énervés; énervés par les défaites comme par les victoires, par les insultes autant que par les compliments, par les échecs et par les succès. L'homme de caractère est toujours calme.

Le calme est une source de force: en retenant vos jeux de physionomie et vos gestes d'impatience vous imposez encore plus de calme à votre esprit et à votre âme. De plus, vous impressionnez vos adversaires, vous contenez les attaques de vos ennemis.

Le calme, la sérénité, l'égalité d'humeur, l'équilibre psychique et la vision objective des êtres constituent les éléments de base de la sagesse.

Ralentir le rythme de sa vie

Elvin Tofler dans *Le Choc du Futur* explique comment nous sommes passés à une époque où les valeurs de permanence sont remplacées par celles du changement. Voilà pourquoi nous sommes victimes d'une tension constante. Nous éprouvons de la difficulté à nous détendre. L'activité fébrile est depuis longtemps le fléau de notre civilisation moderne, quoiqu'on en fasse souvent une vertu. En tout temps, rappelons-nous que l'agitation n'est pas l'action. *Le sage accomplit sans agir,* enseigne le Tao to King.

Il faut ralentir, diminuer le régime de son moteur, vivre à un rythme moins accéléré. Dans l'exécution de toute tâche, la règle doit être: ne pas se hâter! Agir sans hâte, c'est utiliser efficacement et à bon escient sa force nerveuse. *L'agitation est à notre capital de force ce que la prodigalité est à la richesse. Au bout de l'une et de l'autre il y a la ruine.* Ceux qui s'imaginent que le rendement est lié à la hâte vivent dans le préjugé. Le calme joint à la continuité, pour être moins spectaculaires sont cependant une véritable source d'efficacité.

Éliminez les gestes inutiles

Commencez par ralentir les gestes trop précipités; ils deviendront plus adroits et plus efficaces. Ainsi, l'ouvrier, l'employé, le professeur, le directeur, le comptable peuvent-ils revoir un à un tous les gestes, tous les actes qu'ils accomplissent professionnellement afin d'éliminer ceux qui ne sont pas productifs. Les gestes, les actes inutiles sont très nombreux quoiqu'on puisse en penser à priori. Observez-vous pendant une journée et notez ce qui a strictement concouru à votre production et, d'un autre côté, tout ce qui a parasité votre action. Vous serez frappé par la quantité de mouvements diffus, incohérents, hâtifs et inadaptés et par vos démarches inutiles. En résumé, c'est l'application d'un grand principe: *MINIMUM de dépenses pour un MAXIMUM de rendement.*

Chapitre XII

L'énergie
d'adaptation

*Il y a deux voies de survie: la lutte et l'adaptation.
Et l'adaptation est très souvent la plus efficace.*
                                            Dr Hans SELYE

L'adaptation est vitale:
on s'adapte ou on en meurt

La faculté d'adaptation est probablement la plus distinctive caractéristique de la vie. L'exemple le plus frappant est celui des cellules du corps humain qui coopèrent entre elles en remplissant chacune leur fonction spécifique. Que l'une d'elles se dissocie des autres et immédiatement tout l'organisme est en alerte. L'adaptation apparaît essentiellement liée à la conservation. C'est elle qui rend la vie possible à tous les niveaux.

Un individu qui vivrait toujours en réaction contre lui-même, les autres, les événements et les choses minerait inexorablement son potentiel énergétique. À la limite, il pourrait s'effondrer. Voilà pourquoi *les psychologues en général maintiennent que la santé mentale d'un individu dépend de sa possibilité d'adaptation.* Or l'adaptation se fait à deux niveaux: soi-même et le milieu.

Le milieu, ici, doit s'entendre au sens large. Il comprend toutes les conditions spatiales distribuées autour d'un organisme vivant comme le climat, l'environnement, l'entourage, la nourriture, etc. Chaque élément du milieu comporte ses exigences et ses lois. Nous ne traiterons ici que des conditions psychologiques et sociales de l'adaptation au milieu. C'est là surtout que nous retrouvons le plus grand nombre de conflits. Mais parlons d'abord de l'adaptation à soi-même.

L'adaptation à soi-même

Personne ne peut prétendre s'intégrer à la société, s'il n'est pas d'abord adapté à lui-même. On reconnait en psychologie que les difficultés de la rencontre authentique avec l'Autre sont liées à la non-unité de soi. En d'autres termes, autant la communication avec soi-même est perturbée, autant la communication sociale est compromise. Dans la plupart des cas, celui qui vit une relation perturbée avec autrui se cherche lui-même, se demande *qui* il est, qu'est-ce qu'il est, où est son *Moi* dans ses divers comportements.

L'adaptation à soi-même ne peut se réaliser qu'à l'intérieur de coordonnées essentielles: *l'acceptation de soi-même* et *l'acceptation de ses limites personnelles*. L'acceptation de son identité prépare à l'acceptation de l'autre tel qu'il est; l'acceptation de ses limites permet de mieux comprendre et d'accepter les comportements d'autrui. Pour l'individu, ces deux attitudes restent indispensables à la stabilité émotive.

S'accepter comme on est

S'accepter soi-même, concevoir que l'on est Homme, s'identifier à ce que l'on est, tel que l'on est, constituent les points de départ de tout processus d'adaptation. En soi, il y a des choses qu'on ne peut changer. Ainsi, les déterminismes héréditaires de nature biologique ou psychologique, jouent un grand rôle dans nos comportements et nos attitudes. Il faut donc savoir composer avec sa nature. L'important ce n'est pas ce qui nous manque par rapport aux autres, mais bien ce que l'on est. L'homme ne se définit pas comme un ensemble de carences mais comme une entité. Voilà pourquoi il ne faut pas essayer d'être ce que nous ne sommes pas. C'est un désavantage que de regretter un talent que nous aimerions posséder, d'avoir besoin d'argent quand nous n'en avons pas, d'être moins beau que son voisin quand la franche acceptation de son sort empêche de se verser dans un sentiment d'infériorité.

Il y a aussi cette opinion que l'on voudrait que les autres se fassent de nous. Il est bien naturel de désirer être aimé, estimé, admiré et nous souffrons beaucoup de ne pas l'être. Voilà l'origine de bien des maux qui nous affligent. Remarquons qu'il ne s'agit que de maux reliés à l'opinion que les gens ont de nous. Ils résident dans cette conscience que nous avons de ce que nous sommes et de ce que nous voudrions être dans l'esprit d'autrui. La sagesse, cependant, c'est de ne vouloir être rien de plus que ce que nous sommes. Il s'agit de découvrir toutes les possibilités qui sont en nous et de les utiliser à bon escient. L'homme n'a de ressources que dans sa propre volonté. Quant à l'opinion que les autres ont de nous, il faut avoir assez de force pour vivre sans avoir besoin de s'en soucier et accepter même d'être méconnu, haï ou méprisé parfois, sans perdre la conscience de sa valeur.

Accepter ses limites personnelles

"Ne cherche pas ce qui est trop difficile pour toi, ne scrute pas ce qui est au-dessus de tes forces" (Ecc. 3, 21), dit la sagesse biblique. Il est évident que nos limites personnelles physiques ou intellectuelles contrecarrent bien souvent nos désirs et nos ambitions. Mais quelle source de stress que de vouloir constamment se dépasser ou se surpasser. Les désirs tuent souvent plus que les maladies. Faire son possible en chaque action, se comparer à soi-même et non aux autres.

S'accepter avec ses limites suppose que l'on connaisse également son potentiel physique et psychologique. Chaque individu a des qualités, des habiletés et des talents qui sont nécessaires à la société. Dans un orchestre, chaque musicien en jouant de son instrument contribue à l'harmonie et à la création de la mélodie.

L'adaptation sociale

La société offre normalement aux individus un domaine vaste et commun où ils ne cessent de s'enrichir. Elle leur procure une sorte de sécurité en les détournant de la solitude dont ils ont peur. La société est une forme de divertissement qui remédie, selon Pascal, à cet ennui qui saisit tous les hommes quand ils sont seuls. Le solitaire assume sa vie tout entière tandis que l'homme sociable en remet une partie à d'autres.

Mais il arrive aussi que la société devienne une source d'ennui. Il est difficile de supporter la présence des autres. On est blessé selon notre degré de sensibilité. Combien de gens, par ailleurs, souffrent en société de tension et d'anxiété parce qu'on leur impose des conventions et des règlements qu'ils n'acceptent pas. Ils trouvent extrêmement difficile de se plier aux exigences sociales. Ainsi, est-il préférable de s'adapter à la société ou est-ce la société qui doit s'adapter à nous? La situation se complique encore du fait que l'homme est essentiellement grégaire. Nous sentons le besoin de vivre avec d'autres êtres humains qui ont, eux aussi, des exigences et des besoins; or, les besoins des autres entrent souvent en conflit avec les nôtres.

L'individu se retrouve alors devant trois choix: ou il rejette la société et assume complètement sa vie et ses problèmes; ou il change la société en fonction de ses besoins; ou il accepte inconditionnellement l'autre, et ce qu'il ne peut changer.

Se retirer de la société?

Se retirer de la société, c'est-à-dire opérer un retrait physique ou psychologique, sous prétexte que l'adaptation est difficile ou impossible, ne peut être retenu comme une attitude saine. L'individu qui choisit volontairement de se retrancher de son milieu social se retrouve à plus ou moins long terme avec la solitude et ses effets, soit un vide psychologique et humain, soit des besoins qu'il ne peut combler. Nul n'est une île, a-t-on dit. On ne peut détruire tout lien d'appartenance au groupe social ou à la société en général.

Le sociologue George Mead, en parlant des attitudes sociales fondamentalement humaines, les réduit à deux tendances essentielles: *l'entraide* et *l'échange.* "Il existe par ailleurs, écrit-il, un processus fondamental d'échange parmi les hommes, dû à la présence de biens dont on n'a pas besoin pour le moment, mais qu'on peut utiliser pour obtenir ceux dont on a immédiatement besoin. Il y a une participation dans le besoin, chaque individu reconnaissant la valeur mutuelle que possède l'échange pour tous les deux".[1] Ces biens dont il est question sont évidemment d'ordre matériel, intellectuel et spirituel. La situation de besoin dans laquelle nous nous trouvons placés par rapport à ces biens, nous oblige à chercher la complémentarité chez les autres.

Changer la société?

Changer la société est possible dans une certaine mesure. Mais il n'est pas facile de le faire. Les grands leaders qui luttent pour la reconnaissance d'une idée ou la réalisation d'un idéal social sont particulièrement doués pour cela. Ils aiment la lutte et possèdent des nerfs assez solides pour faire face aux nombreuses frustrations inhérentes à ce type d'intervention. Quant à ceux qui veulent changer le milieu à leur profit, ils risquent de se voir démystifiés à un moment ou l'autre: les intentions égoïstes ne tardent pas à faire perdre toute crédibilité. À ce moment la frustration est grande et souvent traumatisante de se voir rejeter par la société ou le groupe d'appartenance.

L'acceptation inconditionnelle d'autrui et des événements

La troisième attitude qui vise l'adaptation inconditionnelle d'autrui m'apparaît la plus saine et la moins risquée. L'adaptation aux autres, et à ce qu'on ne peut pas changer en général, est une attitude qui tient à la fois de la sagesse et de l'intelligence.

---

1. George Mead, *L'Esprit, le Soi et la Société,* traduction française, P.U.F. Paris 1963, p. 219.

L'adaptation à l'autre

Première approche: l'attitude défensive

La réaction de défense est fréquente dans les relations avec autrui: on reste sur ses gardes, on affiche une certaine méfiance. Cette attitude se manifeste surtout lors des premiers contacts avec une personne qu'on ne connaît pas. Devant l'autre, devant une vie visiblement différente de la sienne, on est souvent comme l'animal qui, devant sa proie, vit une alternative angoissante: dévorer ou être dévoré. Quand un homme en rencontre un autre, il se trouve face à un étranger à visage humain en tous points semblable au sien, mais qui soulève en lui une sérieuse interrogation: vient-il à lui pour partager sa vie ou pour la détruire?

Qu'est-ce, en effet, que l'autre, sinon un ensemble de désirs qui ne sont pas les miens, une volonté et une initiative qui m'échappent et qui m'obligent à être toujours sur mes gardes? Cet être chez qui je sens battre une vie qui n'est pas mienne m'oblige à m'interroger sur ce qu'il va être pour moi. Qu'est-ce que son regard me promet? Va-t-il prolonger et agrandir l'être que je suis? Ou va-t-il me frustrer et m'opprimer? J'éprouve comme une sorte de frémissement devant ce mystère humain.

Aussi, le premier contact entre deux êtres humains est-il toujours plein d'hésitation, de timidité; de crainte et d'espérance. Il semble que l'autre apparaisse d'abord comme un ennemi, une sorte de contradiction de tout ce que je suis. Sa seule présence me trouble et me nie. Voilà pourquoi le contact avec un autre être entraîne toujours une déchirure de l'amour-propre, une frustration de l'être profond et secret qui m'habite.

Mais cet autre moi peut aussi se révéler et me faire prendre conscience du moi que je suis. Je découvre le miracle d'une conscience qui n'est pas la mienne mais qui en possède les caractéristiques et les mouvements, qui prolonge dans une certaine mesure ma propre personne. Alors le dialogue s'établit; j'entre dans *le circuit de la communication humaine.*

Le besoin de communication

Jamais l'homme n'aura autant pris conscience de l'importance de la communication qu'à l'époque actuelle. Les sociologues, psychologues, politiciens, etc., considèrent l'absence de communication comme la cause des divers problèmes qui affligent autant l'individu que la société. Tous considèrent la communication comme *un besoin humain essentiel.* Plusieurs sociologues en font même "la condition première de l'Homme"; c'est elle qui *fonde la société, qui définit l'être social.* Mais qu'est-ce que communiquer?

Toute communication humaine a pour but de transmettre un message à quelqu'un; elle implique un certain nombre d'éléments qui sont indiqués dans le schéma ci-dessous:

geste
(PAROLE)
CANAL DE COMMUNICATION

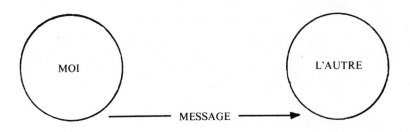

Les deux termes *MOI-AUTRE* sont indispensables pour qu'il y ait communication. Communiquer, en effet, c'est échanger des impressions, des messages, des idées, des sentiments; c'est encore parler ou écrire pour être écouter ou compris de quelqu'un; c'est lire ou regarder pour comprendre, pour apprendre ou pour savoir; c'est également participer à l'existence d'un groupe ou d'une société. "L'homme, écrit Georges Gusdorf, a besoin pour subsister spirituellement non seulement d'avoir des gens autour de lui, mais encore de se trouver en relations plus étroites, en communauté véritable avec certains d'entre eux. Les rencontres représentent autant d'appels à être, d'excitations à soi-même qui arrachent la vie personnelle à l'endormissement ou à l'asphyxie d'une expérience fermée sur elle-même... La communication s'affirme ainsi, comme une des exigences fondamentales de l'homme, aussi essentielle dans son ordre que peut l'être la faim dans l'ordre physiologique." [2]

Il est probable que le type de société industrielle, individualiste et rationaliste dans laquelle nous vivons, déçoive et frustre en permanence ce besoin de communication. C'est ce qui engendre sans doute les sentiments d'angoisse et de solitude qui affligent si fréquemment l'homme moderne. Même les "fêtes sociales" (carnavals) organisées dans le but conscient ou inconscient d'intensifier la communion collective, ne réussissent pas à combler ce sentiment d'incomplétude. Peut-être est-ce ici, dans ce manque ou ce vide culturel, que se trouve la source du besoin d'appartenance à des petits groupes à vie intérieure intense, tels ces sectes religieuses ou para-religieuses, les groupes charismatiques, les cercles de méditation, etc., dont la prolifération est sans précédent de nos jours. Il y a dans ce phénomène un signe évident du besoin de se retrouver et de dialoguer dans le cadre d'une communication authentique.

Cette communication cependant n'a pas toujours lieu dans les conditions idéales où l'on retrouverait un noyau d'individus spécialement préparés au dialogue. L'échange se fait très souvent dans le contexte difficile de l'incompréhension ou du malentendu.

Difficultés de la communication

Dans *Mon coeur mis à nu*, Baudelaire fait cette étonnante réflexion: "Le monde ne marche que par le malentendu. C'est par le malentendu universel que tout le monde s'accorde; car si, par malheur, on se comprenait, on ne pourrait jamais s'accorder". La différence radicale des expériences personnelles, leur intensité et leur caractère souvent très intimes se posent en défi au langage: le vécu

---

2. Georges Gusdorf, *Traité d'existence morale,* P.U.F., Paris 1968.

personnel, en effet, se situe souvent "au-delà des mots". Baudelaire qui est un grand poète, et en général les artistes et les créateurs, éprouvent plus que d'autres peut-être la distance existant entre ce qu'ils veulent signifier et ce que les autres comprennent.

Sans être poète ou artiste, nous avons souvent fait l'expérience personnelle du "malentendu" ou du "dialogue de sourds". Nous ne partageons pas les mêmes opinions et nous restons sur nos positions respectives. Cela signifie qu'il ne suffit pas de parler la même langue pour se comprendre. Pour qu'il y ait communication véritable, il faut établir une *relation humaine vivante* avec l'autre. La nature de cette relation dépasse souvent la signification des mots: "il faut qu'il y ait, écrit Louis Lavelle, une expérience commune à toutes les consciences".[3] Il faut un monde commun aux individus pour qu'ils puissent se comprendre. Voilà pourquoi la communication ne peut se faire que moyennant certaines conditions et certaines attitudes pouvant créer cette base commune nécessaire aux relations interpersonnelles.

Attitudes favorisant la communication

Deux attitudes fondamentales assurent la viabilité de la communication: la *participation-identification à Autrui* et *l'acceptation de l'Autre.*C'est en quelque sorte l'appel d'être, l'ouverture indispensable favorisant les premières approches. Tout contact, qu'il soit fait par amour ou par haine, détermine une réponse d'autrui. Lorsque cette réponse est positive, l'échange se fait normalement; lorsque la réponse est négative, un écran se forme entre soi et l'autre. Ou bien ce dernier refuse tout simplement d'entrer en relation, ou bien il adopte une attitude agressive.

Selon l'individu, l'impossibilité de communiquer peut se traduire par l'incompréhension et provoquer la solitude, l'isolement partiel ou total; il peut aussi choisir l'attitude contraire et entrer en relation avec l'autre dans un rapport de force: c'est la compétition devenant lutte.

---

3. Louis Lavelle, *La Parole et l'écriture*, l'Artisan du livre, Paris 1959, p. 111.

Enfin, il y a des attitudes à réviser dans l'usage de la parole. Celle-ci joue un rôle important comme canal de la communication. Dès qu'il y a relation authentique, la communication existe et la parole en devient l'instrument docile; dans le cas contraire, elle constitue un écran et un leurre. Expliquons chacune de ces attitudes.

La participation-identification à Autrui

La sociologie reconnaît que la "participation-identification" à "l'Autre-semblable-à-soi" est la racine de toute communication. Cette attitude comporte deux éléments: participation et identification et ces éléments se recoupent évidemment. La participation est définie ainsi par George Mead: "Le principe que j'ai considéré comme fondamental dans l'organisation sociale humaine est celui de la communication, lequel implique une participation avec autrui. Cela exige que l'Autre apparaisse dans le Soi, que le Soi s'identifie à l'Autre, et qu'on devienne conscient de soi grâce à autrui".[4] Le second élément qui permet de réaliser la communication est l'identification à l'autre. A. Hesnard la définit comme étant "l'attitude naturelle, spontanée, par laquelle un individu se met à la place d'un autre".[5] L'identification devient le processus essentiel de la relation à Autrui. C'est, en effet, la capacité de s'identifier à autrui qui fonde l'être social et qui permet à l'homme potentiellement de communiquer avec tout être humain. Selon Hesnard, l'agressivité naît de la déception ou de l'échec de ce mouvement premier et, à la limite, la maladie mentale (névrose et psychose) serait la dissolution de ce lien. Cette première attitude de "participation-identification à Autrui" est fondamentale, car les attitudes qui vont suivre découlent d'elle.

---

4. Op. cit.
5. A. Hesnard, *Psychanalyse du lien interhumain*, P.U.F., Paris 1957.

L'acceptation de l'Autre

L'acceptation de l'Autre suppose un mouvement d'ouverture qui oblige à sortir de soi-même. Cette attitude est l'une des plus difficiles à vivre. Enfermé dans notre cosmos intérieur, nous avons souvent conscience qu'il n'existe nulle part d'existence comparable à la nôtre. Or, cet être qui n'est pas seulement autre que moi, mais aussi le moi d'un autre, existe et se réalise à l'intérieur de coordonnées différentes des miennes: ses goûts, ses idéaux, ses désirs et ses besoins reflètent une personnalité qui a également droit à l'existence et à l'affirmation de soi. L'accepter, c'est se partager la richesse de son être: soit trouver en lui ce qui me manque et lui retourner dans une bienveillante réciprocité le meilleur de moi-même. Mais cette vision altruiste est quelque peu idéalisée. Dans les faits, il n'est pas facile d'accepter que l'autre diffère de soi; il arrive que sa présence tantôt me comble et tantôt me frustre profondément. Voilà pourquoi toute vie en société exige un ajustement de caractère basé sur la concession mutuelle et la tolérance réciproque.

L'une des manifestations les plus fréquentes de la non-acceptation de l'autre réside dans cette attitude corrective ou punitive que l'on affiche souvent à l'égard d'autrui. Le meilleur exemple de cette attitude est celui du personnage d'Alceste dans *Le Misanthrope* de Molière. Sincère à l'extrême, il dénonce les défauts de tous ceux qui l'entourent. Son ami Philinte, au contraire, est indulgent et prend les gens comme ils sont. Alceste s'imagine qu'il faut être insociable pour être sincère. Voyant qu'il est impossible de corriger tout le monde, il se retire de la société. Son geste témoigne du refus d'accepter l'autre tel qu'il est. Il y a certes d'autres moyens moins stressants et moins utopiques d'amener les gens à changer de comportement.

L'amour attire l'amour, la haine attire la haine

Une bonne façon de modifier favorablement le comportement des autres en notre faveur est de commander par notre attitude, celle d'autrui. Notre façon de faire et d'agir détermine inconsciemment chez l'autre des attitudes négatives ou positives. Dans ses derniers jours de souffrance, Paul Valéry a tracé au crayon cette étonnante pensée: "Toute les chances d'erreur — pis encore — toutes les chances de mauvais goût, de facilité, de vulgarité, sont avec celui qui haït". La haine est certainement le sentiment le plus annihilant qui soit, dans la mesure où il représente non seulement une coupure radicale d'avec autrui, mais également une provocation mutuelle.

Il faut essayer de tout régler par la bonté; même lorsque quelqu'un n'agit pas dans le sens de notre intervention il vaut toujours mieux ne rien brusquer. La sagesse ancienne nous a laissé des recommandations fort judicieuses à ce propos. "La meilleure façon de se venger, écrivait Marc-Aurèle dans ses *Pensées,* est de ne pas leur ressembler. Et le sage Socrate disait: "Celui qui témoigne d'une bonté, même s'il craint d'essuyer un refus, ne court aucun autre risque que de montrer qu'il est bon et rempli d'affection fraternelle et que l'autre est mesquin et indigne de toute bonté."

Les sentiments que nous inspire la pratique de la charité chrétienne sont encore ce qu'il y a de mieux. Le meilleur moyen d'être heureux est de bannir la haine de son coeur, d'aimer ses semblables, de répandre la joie autour de soi, de s'oublier soi-même et de penser aux autres. Ne pas faire à autrui ce que nous ne voudrions pas qu'on nous fasse à nous-même.

Il est cependant bien difficile d'agir ainsi quand c'est l'injustice ou le mépris qui sont en jeu. Si un phonographe vous couvrait soudainement d'injures, pense Alain, cela vous ferait rire. Si un homme de mauvaise humeur, mais à peu près sans voix, faisait marcher un phonographe à injures pour contenter sa colère, personne ne croirait que de telles injures, blessantes par hasard, lui sont destinées personnellement. Mais quand c'est la face humaine qui lance l'injure, chacun veut croire que tout ce qu'elle dit est prémédité, ou tout au moins pensé dans l'instant même.

Il est évidemment difficile de faire taire le désir de vengeance quand on a été offensé; c'est une réaction bien naturelle de vouloir faire prendre conscience aux autres que le mal ne paie pas. Mais la valeur d'un homme s'exprime par la manière dont il réagit devant la critique, la haine et la provocation. La grandeur de Socrate ou de Jésus se reconnaît surtout à la manière dont ils ont supporté l'injustice de leurs ennemis. Celui qui craint d'affronter la haine d'autrui ne peut rien. Le mal de la calomnie, dit Saint François de Sales, ne se guérit jamais si bien qu'en méprisant le mépris et qu'en témoignant par la fermeté que nous sommes hors de prise. Cette attitude de non-violence n'est pas quelque chose que l'on réalise mécaniquement. Elle est la plus haute qualité du coeur. Elle s'acquiert cependant par la pratique.

Bannir l'esprit de lutte et de compétition

La lutte fait partie d'une réaction primitive chez l'homme: la *réaction combat/fuite.* Cette attitude se retrouve chez tous les êtres vivants, chez les animaux comme chez les hommes. Elle est la réponse aux situations de tension et d'agression. Ainsi, le chat, lorsqu'il est effrayé, courbe le dos, ses poils se dressent et il se prépare à fuir ou à combattre. Les ancêtres de l'homme réagissaient de la même manière tout en adoptant des comportements physiologiques différents. Pour eux, c'était une question de vie ou de survie. Il leur fallait se défendre contre les éléments hostiles. D'abord le pays, âpre et sauvage qui les maintenait dans des conditions de vie difficiles et leur imposait une lutte perpétuelle contre les éléments. Ils devaient aussi se défendre contre ceux qui menaçaient l'intégrité de leur milieu.

L'homme moderne a hérité de ses ancêtres des réactions combat/fuite des plus développées. C'est donc chez lui un réflexe des plus naturels. À notre époque cependant, il est assez rare qu'une personne se trouve dans une situation telle qu'elle doive recourir à la violence physique ou s'enfuir pour échapper à un danger. Un homme pris dans un embouteillage n'aurait pas une réaction d'adaptation appropriée s'il descendait de sa voiture pour se battre, pas plus qu'un autre qui recevrait un avertissement de son patron ne réagirait de façon adéquate s'il décidait de prendre la fuite.

Mais il est une forme de lutte beaucoup plus raffinée, cautionnée en grande partie par la société et qui oblige l'homme au combat: c'est la *compétition.* La compétition est devenue l'un des grands mobiles de l'activité humaine. La société actuelle l'utilise comme ressource pour augmenter la productivité, l'efficacité et le rendement. Elle multiplie les zones de compétition. Il n'y a pas un domaine qui échappe, de quelque façon que ce soit, à son influence. Notre éducation même, nous a formés à ce type de comportement. Depuis notre enfance, nous percevons un rival en autrui, un compétiteur potentiel. Nos rapports humains consistent le plus souvent à affirmer face à autrui que nous sommes aussi doués, voire plus doués que lui. L'instinct de compétitions nous pousse à dépasser les autres, à les déclasser, à les vaincre sinon à les abattre.

Cette attitude est l'une des plus dangereuses pour l'homme sur le plan physiologique. Les spécialistes du coeur sont unanimes à dire que les candidats aux troubles cardiaques ont en commun une vie stressante marquée par l'ambition, la compétition et l'esprit de lutte. Ceux qui font carrière et progressent à toute vitesse dans l'échelle sociale ont un plus fort taux de lipides dans le sang et une plus grande excrétion de certaines hormones de stress. Bien plus, ces individus sont davantage exposés aux accidents cardiaques que les gens qui ont une vie souple, détendue et qui évitent la compétition et les vendettas inutiles.

Comment sortir de son isolement

L'isolement est une coupure volontaire ou involontaire du groupe social auquel on appartient normalement. Retiré du monde, on ne s'occupe de manière plus ou moins forcée que de soi-même. Cette attitude se trouve ébauchée chez le névrosé et elle est radicale chez le psychopathe qui se constitue un monde irréel et essentiellement privé. Il y a cependant des cas moins extrêmes comme celui du mal-aimé qui se sent incompris de son entourage, abandonné par ses amis, ou tout simplement berné par la vie.

Nous sommes ainsi bien souvent condamnés à rester seul et sans amour. Dans la plupart des cas, ce ne sont pas les amis ou les proches qui s'éloignent de nous, mais nous-mêmes qui, consciemment ou inconsciemment, nous séparons d'eux, en détruisant l'harmonie.

Cette situation d'incompréhension provient de nos pensées négatives, de notre attitude frustrée et de nos tendances égoïstes qui attirent automatiquement la réciprocité. Il est impossible de manifester aux autres des sentiments sans que, tôt ou tard, ils y répondent naturellement et inconsciemment.

L'usage de la parole

L'un des facteurs importants dans les relations avec autrui est l'usage que l'on fait de la parole. On ne mesure jamais assez le rôle qu'elle joue en société. C'est elle qui sert de médiatrice entre les êtres. Elle peut établir entre eux des rapports vivants ou au contraire, détruire et fausser les relations. C'est par elle, en effet, que les êtres se montrent et se dissimulent, que leur nature et leur volonté s'associent ou s'opposent, qu'ils témoignent malgré eux de leur indifférence, de leur timidité, de l'espoir d'une réciprocité, de leurs désirs, et de leur haine.

La maîtrise de la parole a toujours été considérée comme un élément important de l'acquisition de la sagesse. La Bible, par exemple, donne ces conseils: "Dans ton langage, use de balance et de poids, à ta bouche mets un verrou; tel se tait et passe pour sage, tel autre se fait détester par son bavardage. Celui qui parle trop se fait détester et celui qui prétend s'imposer suscite la haine. Le bavard, celui qui sème ses paroles à tout vent, est bafoué. Fi du bavard et du fourbe: ils ont perdu beaucoup de gens qui vivaient en paix. La troisième langue a ébranlé bien des gens, les a dispersés d'une nation à l'autre; elle a détruit de puissantes cités et renversé des maisons princières. La langue médisante, dit encore la Bible, a fait répudier des femmes parfaites, les dépouillant du fruit de leurs travaux. Qui lui prête l'oreille ne trouve plus de repos, ne peut plus demeurer dans la paix".

Il y a des règles à observer dans l'usage de la parole. Celui qui les applique évite bien des problèmes, des souffrances et des conflits. En voici quelques-unes qui tiennent compte autant de la sagesse que des bonnes manières.

Savoir parler à propos

Les relations sociales sont d'essence très délicate, car elles mettent en jeu non seulement les paroles et les actions mais encore les silences et l'exercice mutuel de puissances des plus mystérieuses. Savoir parler à propos est un art qui suppose la maîtrise et la discipline. Il est sage de commencer par l'application des trois règles suivantes empruntées à la Bible: *Ne réponds pas avant d'avoir écouté;*

*n'interviens pas au milieu du discours; ne t'échauffe pas pour une af-
faire qui ne te regarde pas.*

Quand vous parlez avec quelqu'un, il peut ne pas accepter ce que
vous dites; n'essayez pas de le lui faire comprendre intellectuellement. Ne discutez pas avec lui; écoutez simplement son objection
jusqu'à ce qu'il y trouve lui-même un défaut. Essayez de ne pas
imposer votre idée, tentez plutôt, d'y réfléchir avec votre interlocuteur. Essayez de ne pas gagner la discussion; contentez-vous de
l'écouter. C'est une autre erreur que de vous comporter comme si
vous aviez perdu. Quand nous parlons, nous sommes souvent enclins
à essayer de vendre notre enseignement ou d'imposer notre idée.

Évitez également les sujets "chauds". Même si vous avez une
discussion animée sur la politique avec votre voisin, cela ne changera
pas la face du monde. Vous vous dépenserez inutilement sans compter que vous vous ferez peut-être un ennemi personnel. Évitez les sujets qui échauffent les esprits et créent inutilement des oppositions et
des rivalités.

Ne jamais blesser

Il y a une règle d'or que l'on oublie toujours: ne jamais blesser
personne. On pense que ménager autrui est un signe de faiblesse
alors que c'est la marque de la plus haute délicatesse. La faiblesse, au
contraire, serait de vouloir le diminuer ou le détruire. Mais pour
cela, il faut beaucoup de tact et de finesse, une force d'âme et une
puissance de sympathie qui l'emportent de loin même sur les calculs
les plus habiles.

Ces dispositions altruistes nous commandent de céder quand la
susceptibilité est en jeu. Celle-ci est, en effet, la rencontre de deux
amours-propres. Il faut essayer de le dominer chez soi et de le ménager chez les autres. Il en est de même de la sensibilité d'autrui souvent mise à rude épreuve par l'indifférence qu'on lui témoigne. Il
n'y a pas de façon plus cruelle de rejeter autrui hors du monde où
nous vivons, l'anéantissant ainsi. Souvent, nous portons d'intérêt à
l'autre que dans la mesure où nous pouvons lui faire sentir notre différence et notre supériorité, lui causant ainsi une perpétuelle bles-
sure.

C'est dans le ménagement que se manifeste le mieux notre sagesse. Elle consiste à réprimer tous les mouvements négatifs, comme la colère ou le mépris, en songeant à la diversité des individus et aux démarches imprévisibles des caractères. Il faut éviter de produire entre soi et l'autre cette cassure qui peut le rendre à jamais étranger à notre propre vie. C'est fermer devant nous l'avenir et annihiler par avance toutes les possibilités qui ne se sont pas encore éveillées en lui et que nous aurions pu provoquer.

Il faut aussi éviter de se plaindre des autres, de les contredire ou de leur faire des reproches. C'est couper par avance toute communication. À tout considérer, il y a fort à parier que chacun soit pour l'autre tant une occasion de frustration que d'enrichissement. Les paroles adressées à autrui ne doivent jamais sonner à ses oreilles comme un reproche mais comme une vérité susceptible de lui apporter, sans qu'il l'ait cherché, lumière et consolation.

Contredire, c'est laisser entendre qu'on n'accepte pas l'autre, qu'on ne reconnaît pas qu'il soit un moi comme nous, bien que différent de nous. C'est, à toute fin pratique, le rejeter hors de l'existence. La contradiction n'est toujours que de l'amour-propre. On se convainc qu'on est le seul à voir les choses comme elles sont, à posséder la vérité. Mais la vérité, comme le soleil, luit pour tout le monde. Elle n'est pas le fait d'une seule personne. D'ailleurs qui peut se vanter de posséder toute la vérité? Ma vision du monde est forcément partielle et limitée et j'ai besoin de celle des autres pour l'enrichir. Voilà pourquoi, qu'elles soient divergentes ou complémentaires, les idées que l'on se fait des choses devraient plutôt servir à nous unir.

Ne pas se confier trop facilement

Le grand romancier Balzac, qui a si profondément et finement analysé les multiples aspects du comportement de l'homme en société, fait donner à l'un de ses personnages, — jeune homme inexpérimenté qui s'apprête à faire son entrée dans la grande société de Paris —, de judicieux conseils.[6] Voici trois textes où il en est ques-

---

6. Honoré de Balzac, *Le Lys dans la vallée.*

tion. Il faut les lire, les relire et les méditer. Vous y trouverez un véritable code d'éthique sur les relations sociales. Les titres qui figurent en tête sont de nous.

TEXTE I

Ne soyez ni confiant, ni banal, ni empressé.

Surtout, mon ami, car ces petites choses sont bien dans mes attributions, et je puis m'appesantir sur ce que je crois savoir, ne soyez ni confiant, ni banal, ni empressé, trois écueils! La trop grande confiance diminue le respect, la banalité vous vaut le mépris, le zèle nous rend excellents à exploiter. Et d'abord, cher enfant, vous n'aurez pas plus de deux ou trois amis dans le cours de votre existence, votre entière confiance est leur bien; la donner à plusieurs, n'est-ce pas les trahir? Si vous vous liez avec quelques hommes plus intimement qu'avec d'autres, soyez donc discret sur vous-même, soyez toujours réservé comme si vous deviez les avoir un jour pour compétiteurs, pour adversaires ou pour ennemis; les hasards de la vie le voudront ainsi. Gardez donc une attitude qui ne soit ni froide ni chaleureuse, sachez trouver cette ligne moyenne sur laquelle un homme peut demeurer sans rien compromettre. Oui, croyez que le galant homme est aussi loin de la lâche complaisance de Philinte que de l'âpre vertu d'Alceste. Le génie du poète comique brille dans l'indication du milieu vrai que saisissent les spectateurs nobles; certes, tous pencheront plus vers les ridicules de la vertu que vers le souverain mépris caché sous la bonhommie de l'égoïsme; mais ils sauront se préserver de l'un et de l'autre. Quant à la banalité, si elle fait dire de vous par quelques niais que vous êtes un homme charmant, les gens habitués à sonder, à évaluer les capacités humaines, déduiront votre tare et vous serez promptement déconsidéré, car la banalité est la ressource des gens faibles; or les faibles sont malheureusement méprisés par une société qui ne voit dans chacun de ses membres que des organes; peut-être d'ailleurs a-t-elle raison, la nature condamne à mort les êtres imparfaits. Aussi, peut-être les touchantes protections de la femme sont-elles engendrées par le plaisir qu'elle trouve à lutter contre une force aveugle, à faire triompher l'intelligence du coeur sur la brutalité de la matière. Mais la société, plus marâtre que mère, adore les enfants qui flattent sa vanité. Quant au zèle, cette première et sublime erreur de la jeunesse qui trouve un contentement réel à déployer ses forces et commence ainsi par être dupe d'elle-même avant d'être celle d'autrui, gardez-le pour vos sentiments partagés, gardez-le pour la femme et pour Dieu. N'apportez ni au bazar du monde ni aux spéculations de la politique des trésors en échange desquels ils vous rendront des verroteries. Vous devez croire la voix qui vous commande la noblesse en toute chose, alors qu'elle vous supplie de ne pas vous prodiguer inutilement; car malheureusement les hommes vous estiment en raison de votre utilité, sans tenir compte de votre valeur. Pour employer une image qui se grave en votre esprit poétique, que le chiffre soit d'une grandeur démesurée, tracé en or, écrit au crayon, ce ne sera jamais qu'un chiffre. Comme l'a dit un homme de cette époque: "n'ayez jamais de zèle!" Le zèle effleure la duperie, il cause des mécomptes; vous ne trouveriez jamais au-dessus de vous une chaleur en harmonie avec la vôtre.

TEXTE II

Gardez un silence presque absolu sur vous-même

Une des règles les plus importantes de la science des manières, est un silence presque absolu sur vous-même. Donnez-vous la comédie, quelque jour, de parler de vous-même à des gens de simple connaissance; entretenez-les de vos souffrances, de vos plaisirs ou de vos affaires; vous verrez l'indifférence succédant à l'intérêt joué; puis, l'ennui venu, si la maîtresse du logis ne vous interrompt poliment, chacun s'éloignera sous des prétextes habilement saisis. Mais voulez-vous grouper autour de vous toutes les sympathies, passer pour un homme aimable et spirituel, d'un commerce sûr? Entretenez-les d'eux-mêmes, cherchez un moyen de les mettre en scène, même en soulevant des questions en apparence inconciliables avec les individus; les fronts s'animeront, les bouches vous souriront, et quand vous serez parti chacun fera votre éloge. Votre conscience et la voix du coeur vous diront la limite où commence la lâcheté des flatteries, où finit la grâce de la conversation.

TEXTE III

Noblesse oblige!

Déployez votre esprit, mais ne servez pas d'amusement aux autres; car, sachez bien que si votre supériorité froisse un homme médiocre, il se taira, puis il dira de vous: "Il est très amusant!", terme de mépris. Que votre supériorité soit toujours léonine. Ne cherchez pas d'ailleurs à complaire aux hommes. Dans vos relations avec eux, je vous recommande une froideur qui puisse arriver jusqu'à cette impertinence dont ils ne peuvent se fâcher; tous respectent celui qui les dédaigne, et ce dédain vous conciliera la faveur de toutes les femmes qui vous estimeront en raison du peu de cas que vous ferez des hommes. Ne souffrez jamais près de vous des gens déconsidérés, quand même ils ne mériteraient pas leur réputation, car le monde nous demande également compte de nos amitiés et de nos haines; à cet égard, que vos jugements soient longtemps et mûrement pesés, mais qu'ils soient irrévocables. Quand les hommes repoussés par vous auront justifié votre répulsion, votre estime sera recherchée; ainsi vous inspirerez ce respect tacite qui grandit un homme parmi les hommes. Vous voilà donc armé de la jeunesse qui plaît, de la grâce qui séduit, de la sagesse qui conserve les conquêtes. Tout ce que je viens de vous dire peut se résumer par un vieux mot: noblesse oblige!

BALZAC

L'énoncé des règles que l'on pourrait formuler à partir de ces textes constituerait un véritable "art de vivre en société". En toute circonstance, il y a ce calcul nécessaire qui ne va pas, semble-t-il, à l'encontre de l'attitude positive envers le prochain que nous avons préconisée. Au contraire, garder cette ligne moyenne sur laquelle un homme peut demeurer sans rien compromettre, suppose l'acceptation de son Moi et celui d'autrui. Cela signifie que l'on a assumé pleinement son identité dans la maîtrise de soi et que l'on est capable de se situer par rapport à l'autre, sans se compromettre mutuellement. C'est le juste milieu qui crée la vertu, celle de la charité.

L'adaptation aux événements

La pensée positive, source d'énergie

Il existe une théorie de l'adaptation qui veut que le corps soit en constante interaction énergétique avec son environnement. À part l'énergie qui vient de la combustion de la nourriture, on se charge par le contact de forces positives. Une journée ensoleillée, un événement heureux, une rencontre agréable disposent à la joie et stimulent. Un temps maussade, une scène déprimante, le contact avec des gens frustrés et pessimistes exercent une influence dépressive. De même les sentiments négatifs comme la colère, la jalousie, l'amertume sont des facteurs d'usure nerveuse. Les forces utilisées à les ressasser pourraient toujours trouver un meilleur usage. Si justifiés soient-ils, ils se retournent toujours contre la personne qui s'en repaît.

Nous sommes tous, à des degrés divers, sensibles aux forces et aux énergies qui nous entourent. Une personne plus fortement chargée se défend mieux contre les influences négatives. En même temps, elle exerce une action positive sur les autres. C'est une joie de vivre avec ces personnes et nous le ressentons inconsciemment.

Dans tout processus d'adaptation aux événements et aux choses, il faut comprendre que les problèmes suscités sont non seulement inhérents à toute existence mais aussi nécessaires jusqu'à un certain point. Paul Diel, penseur contemporain qui a réfléchi à ce phénomène, affirme que l'inquiétude fondamentale est inséparable de la vie. Elle n'est pas l'apanage de l'homme. Commune aux êtres vivants, elle traduit leur dépendance à l'égard du monde extérieur qui fait obstacle à leurs besoins vitaux. Elle est liée d'un côté aux pulsions qui assurent la continuité de l'individu et de sa race, de l'autre à l'évolution, effort perpétuel d'adaptation de l'être à son milieu. En ce sens, l'inquiétude, moteur de l'évolution, est un phénomène non seulement naturel, mais nécessaire.

Aussi une saine attitude serait de considérer non pas tant les choses qui nous arrivent que notre manière d'y faire face. Khalil Gibran, dans Le Prophète a une très belle pensée là-dessus: "Vous serez libre en vérité non pas lorsque vos jours seront sans un souci et vos nuits sans un désir et sans une peine, mais plutôt lorsque ces choses enserreront votre vie et que vous vous élèverez au-dessus d'elles, nus et sans entraves''. Les événements fâcheux ou malheureux tissent la trame de notre existence. Vouloir les éliminer serait utopique. Il vaut mieux s'en accommoder et en prendre son parti. L'acceptation du donné vécu est un premier pas vers la libération.

Cette façon de voir les choses est souvent le meilleur moyen de conjurer les événements malheureux. L'espérance fait naître les raisons d'espérer, et une attitude favorable fait arriver la chose ou changer l'événement. À se plaindre toujours on multiplie les problèmes. Que feriez-vous si vous aviez un ami qui se plaindrait constamment de tout? Vous essaieriez sans doute de l'amener à changer sa vision des choses. N'accepteriez-vous pas d'être un véritable ami pour vous-même?

Avoir des compensations

Notre aptitude à faire face aux situations d'échec et de déception prend source dans notre personnalité même. Dès les premiers stades de son développement, on voit déjà apparaître chez l'enfant des réactions qui manifestent ses possibilités futures d'adaptation aux événements. On lui donne, par exemple, un objet susceptible de l'intéresser et on le lui retire avant qu'il ne s'en lasse. On remarque que certains enfants réagissent violemment (réaction de crise) alors que d'autres tournent spontanément et naturellement leur attention vers d'autres objets (réaction d'adaptation).

À l'âge adulte il est possible, par la force du caractère, de faire jouer des mécanismes de compensation qui absorbent les émotions et canalisent les déceptions. Ainsi, les grands ambitieux auraient profit à ne pas mettre tous leurs oeufs dans le même panier. Celui qui a investi quantité d'efforts et d'énergie dans une carrière ou une entreprise s'expose à de grands risques d'échec et de déception s'il ne dispose pas d'autres centres d'intérêt ou d'activité sur lesquels il pourrait se rabattre en cas de besoin. Cela vaut en particulier pour ceux dont le travail et la carrière deviennent l'unique raison d'être.

Savoir distinguer la réalité des chimères

Autrefois on enseignait qu'il fallait vivre pour un idéal et y consacrer toutes ses énergies jusqu'à la réalisation complète et ce, envers et contre tout. Cette conception était axée sur le mythe du héros, de l'homme fort qui devait vaincre les obstacles à coups de volonté et d'efforts jusqu'à épuisement de ses forces.

Aujourd'hui on sait qu'il est dangereux d'aller au-delà de ses réserves dans la poursuite d'un but. Mieux vaut parfois plier comme le roseau sous la force du vent, que défier la tempête et être déraciné, comme le chêne. Le sage docteur Selye dit que nous ne savons pas toujours distinguer ce pourquoi il vaut la peine de se battre. "Lutte farouchement pour ce que tu crois un noble but mais abandonne tout effort quand tu te sais battu".[7] C'est une application de la réaction combat/fuite dont nous parlions tantôt; l'accent ici est mis sur le second pôle de défense, la fuite. Il y a des cas où la fuite est non seulement souhaitable mais constitue une solution intelligente et sage. Ceci vaut autant pour un idéal trop haut que nous nous serions fixé, que pour nombre de situations quotidiennes que nous pouvons éviter; il faut réserver ses forces et ses énergies pour des choses qui en valent vraiment la peine.

L'acceptation du changement: biorythmie ou rythmes "circadiens"

Le changement provoque des situations parfois difficiles et souvent traumatisantes. Il va à l'encontre de la recherche normale de stabilité et du respect des rythmes personnels. Nous touchons ici à une réalité très importante du corps humain. En effet, l'étude du comportement biologique de l'être humain semble confirmer l'existence d'un mécanisme de contrôle ayant pour but d'assurer un certain horaire dans le comportement biologique.

Ce phénomène, appelé le plus souvent "biorythmie", est caractérisé dans le monde médical par l'expression "rythmes circadiens" ("circa", autour; "diem", jour). Ces rythmes ont une fréquence d'un cycle par journée de 24 heures. Voici comment Nicole Béland-Marchak, professeur en sciences infirmières, définit le terme et le phénomène qu'il recouvre: "Ce terme semble avoir été

---

7. Op. cit., page 119.

adopté dans la littérature scientifique vers 1959, par un savant biologiste. La plupart des organes ou systèmes de l'organisme humain semblent être sous l'influence d'une "horloge biologique", mécanisme qui signale les périodes auxquelles les cycles doivent recommencer leur périodicité. La nature de cette "horloge" est mal connue; les savants soupçonnent un mécanisme physiologique d'oscillations qui marque le temps. En plus de cette influence endogène, les rythmes circadiens sont synchronisés à des facteurs du milieu dans un effort pour soutenir les fonctions d'adaptation de l'homme." [8]

L'organisme humain est donc le théâtre d'une constante interaction de différentes périodicités. Outre le rythme circadien, il y a encore celui des battements du coeur, les mouvements respiratoires, le cycle ovulatoire menstruel de la femme et le sommeil. Ces différents rythmes se présentent à diverses fréquences et les chercheurs en sont venus à la classification suivante: rythmes de moins de 24 heures, rythmes de 24 heures ou "circadiens", rythmes de plus de 24 heures. Il semble bien que ces "horloges biologiques" soient nécessaires pour assurer l'adaptation des organismes aux variations spatio-temporelles de l'environnement.

Ces rythmes, cependant, peuvent être déphasés, entraînant la désynchronisation de l'organisme. Certains facteurs exogènes (situés en dehors de l'organisme) en sont souvent la cause. Par exemple la conquête des forces de la nature (lumière artificielle, chauffage, climatisation...) ont entraîné certaines perturbations; on pourrait parlé également de l'organisation sociale (heures supplémentaires de travail, prendre le jour pour la nuit, la nuit pour le jour), des situations émotionnelles (épreuves de toutes sortes, ennuis, solitude...) qui contribuent à augmenter les perturbations rythmiques.

La plupart de ces facteurs sont intimement liés au phénomène inexorable de l'évolution. Il faut donc admettre que le corps humain ne peut évoluer toujours selon ses rythmes personnels. Il existe de nombreuses circonstances dans la vie où l'adaptation au changement

8. Nicole Béland-Marchak, "Les rythmes 'circadiens' ", Revue *L'infirmière canadienne*, septembre 1968, pages 26 à 29.

est vitale: le recyclage dans la carrière, par exemple; le changement de milieu de travail occasionné par un surplus de personnel ou le déplacement de la main d'oeuvre; l'adaptation aux idées et aux concepts nouveaux; l'acceptation de l'évolution sociale de qui dépend l'avenir de l'homme et de la société. Ajoutons à cela tous les faits quotidiens qui ne modifient pas en profondeur notre destinée mais qui contribuent à déterminer notre existence.

Il faut donc accepter la réalité du changement. Tout change: cela est fondamentalement vrai. Étant donné que chaque phénomène est constamment en changement, il n'existe pas d'entité individuelle permanente. Lorsqu'on réalise cette vérité du "tout change" et qu'il n'y a pas de situation vraiment stable et permanente, pas même le bonheur, nous y trouvons la sérénité, la paix et le calme.

La cure de bonne humeur

En conclusion je vous propose d'essayer la cure de bonne humeur. L'idée vient du philosophe Alain.[9] Il y a des périodes où la pensée devient maussade, où l'on critique avec véhémence, où l'on ne voit plus rien de beau ou de bien ni chez les autres ni en soi-même. Essayez à ce moment la cure de bonne humeur.

Elle consiste à exercer sa bonne humeur contre toutes sortes d'adversités. Les contrariétés ou les ennuis qui d'ordinaire émoussent notre sensibilité, deviennent autant d'occasions de faire preuve de bonne humeur: un repas manqué, le soleil qui agace, un ami inopportun, les enfants qui crient, un service demandé de façon impromptu, un compte à régler, un automobiliste narquois, etc. On peut multiplier à l'infini les situations qui donnent lieu à ce précieux exercice. Ainsi, dans la cure de bonne humeur, on recherche ces gens qui récriminent et geignent que l'on fuirait en temps ordinaire. Quelles belles occasions de faire de façon systématique contre mauvaise fortune bon coeur! Ces gens deviennent comme les ressorts dans l'entraînement physique ou les côtes pour se faire les mollets!

---

9. Alain, *Propos sur le bonheur,* Gallimard, Paris 1968, p. 186.

La philosophie orientale du Zen enseigne qu'en arrachant les mauvaises herbes, nous nourrissons la plante. En effet, après avoir arraché les mauvaises herbes, nous les enterrons près de la plante pour la nourrir. Ainsi, même si nous rencontrons quelque difficulté, nous devrions sentir une certaine gratitude envers ces mauvaises herbes. Elles se transformeront en nourriture et enrichiront notre vie. Dans la pratique du Zen, une mauvaise herbe est un trésor. Avoir cette attitude, quelle que soit notre activité, c'est transformer la vie en art: trouver l'existence parfaite à travers l'existence imparfaite; trouver la perfection dans l'imperfection. Dans la philosophie du Zen le plaisir n'est pas différent de la difficulté, le bon n'est pas différent du mauvais. Le bonheur est la peine; la peine est le bonheur. Dans la difficulté se trouve le bonheur, dans le bonheur la difficulté. Ce sont les deux côtés d'une même pièce.

Chapitre XIII

La méditation ou l'énergie intérieure

La force mentale et nerveuse est infiniment plus importante que la force musculaire.

Alexis CARREL

Ton salut est dans le silence. Toute solution est en nous.

K.O. SCHMIDT

Une forme séculaire d'activité

Il existe présentement un retour marqué vers cette forme séculaire d'activité, pratiquée par les moines et les religieux à tous les âges de l'histoire. Les plus grands moines considéraient la pratique de la méditation comme le moyen le plus efficace de s'unir à Dieu et de conditionner la vie spirituelle et le progrès dans les voies de la perfection. Saint Ignace de Loyola, le fondateur des Jésuites, écrivait: "La méditation est le chemin le plus court vers la perfection".

Ce que les saints trouvaient si efficace pour la sainteté, pourquoi ne pas l'utiliser pour sa vie personnelle.

Les formes de méditation les plus populaires actuellement s'inspirent des techniques propres aux grandes religions de l'Asie. Essentiellement la méditation se caractérise par une recherche intérieure de la sagesse. Mais elle apparaît surtout comme le remède à toutes les maladies que l'on désigne communément sous le nom de "stress": anxiété, troubles psycho-somatiques, toxicomanie, maladies mentales, etc. Elle est présentée comme une méthode d'hygiène psychique et d'auto-traitement spirituel.

L'un des avantages les plus marqués de la méditation regarde l'activité humaine. L'homme, plongé dans l'activisme est littéralement arraché à lui-même, et ce, au détriment des valeurs profondes de l'être. Il est évident que l'activité n'a pas de sens si elle ne prend pas sa source d'abord à l'intérieur. Autrement, la vie risque de ressembler à un vaisseau balloté au gré des flots, sans aucune direction. Il faut parfois revenir au port pour faire le plein et se ressourcer. La méditation apparaît comme la condition essentielle de l'action et le moyen indispensable pour faire face aux difficultés et aux défis de la vie.

Fondement de la méditation: "la voix ou l'aide intérieure"

La croyance existe chez presque tous les grands méditatifs que c'est dans la retraite en soi-même, dans le silence et l'abandon au centre le plus secret de son essence, que l'homme retrouve les forces latentes qu'il possède et qui lui donnent le pouvoir d'agir. En général, l'homme n'utilise qu'une fraction infime de ses forces réelles, un septième environ. Le reste de ses aptitudes demeure à l'état latent et inutilisable dans les profondeurs inaccessibles de l'être.

Ce n'est pas une mystique étrangère à la vie et au monde qui est recherchée dans la méditation ni un opium permettant à l'âme de rêver, mais, au contraire, une sagesse et un art de vivre accessible à l'homme qui le mènera, non à l'éparpillement de soi, mais à une prise de conscience et à la réalisation totale de son être.

Cette conversion intérieure, ce renouvellement entraîne automatiquement un revirement et une transformation de la vie extérieure. Nous apprenons alors à transférer du dehors "au dedans" de nous-mêmes le centre de gravité de notre vie et de là, nous apprenons à dominer notre destin en cherchant cette "Aide intérieure" qui caractérise la méditation.

Cette croyance en une force intérieure qui nous anime est fortement ancrée dans l'histoire du monde quoiqu'elle nous apparaisse sous différents visages. Depuis l'Inde antique jusqu'à nos jours, l'expérience de la présence vivante de cet appui secret au coeur de l'être a été l'idée centrale de tous les grands systèmes philosophiques et de toutes les religions, quel que soit le nom qui lui ait été donné. Le "Brahma" des anciens philosophes de l'Inde en passant par le "Daimon" de Socrate, la voix secrète qui le guida toute sa vie, le "sujet transcendantal" des spiritualistes, le "guide spirituel", la "force créatrice", le "sur-moi", le "génie" des poètes et des artistes, sont toutes diverses formes de manifestations revêtues par l'"Aide intérieure" et secrète que l'on découvre dans la méditation.

La méditation transcendantale

La forme de méditation la plus populaire est sans aucun doute la méditation transcendantale. Contestée par les uns, mise aux nues par d'autres, la M.T. est mêlée à toutes les sauces, mais apparaît comme la forme par excellence de libération intérieure, la panacée à presque tous les maux du siècle.

Récemment des chercheurs ont procédé à une véritable démystification de la M.T. Ils la présentaient comme une entreprise multinationale qui rapportait aux États-Unis des sommes fabuleuses. C'est un vaste commerce qui, selon eux, exploite le goût des gens pour le mystérieux oriental et l'exotisme. En fait, selon ces chercheurs, la relaxation que l'on recherche par la M.T. peut être obtenue par d'autres moyens sans avoir à verser d'honoraires. Une simple prière, par exemple, ou une séance d'hypnotisme pourrait donner les mêmes résultats. De plus, si l'on faisait la somme des principes de la M.T. cela ne ferait que quelques lignes, même pas une page.

Pourtant la M.T., depuis que Maharishi Mahesh Yogi la fit connaître à travers le monde, ne cesse de gagner de jour en jour de nouveaux adeptes. Si l'on fait le partage des fumistes — il y en a partout — il semble bien que la M.T. s'adresse à quelque chose de très sérieux et de fondamental chez l'homme. Elle est assez importante pour que l'un des plus grands savants actuels, le Docteur Hans Selye, en parle en termes des plus élogieux. Dans la préface qu'il écrivait pour le livre intitulé *La Méditation transcendantale*, traduit par Claire Dupond, il parle de la M.T. dans les termes suivants: "L'action thérapeutique de la Méditation transcendantale, sur les désordres physiques est évidente dans le cas de ce qu'on appelle "les maladies du stress" ou "les maladies d'adaptation" (en particulier les troubles mentaux, cardiovasculaires, gastro-intestinaux, et l'hypersensibilité) provoqués par des réactions d'adaptation inadéquates face aux stresseurs de la vie quotidienne".

Ainsi, la M.T. apparaît comme un véritable remède aux maladies causées par le stress de la vie moderne. Selon Maharishi Mahesh Yogi lui-même, la technique de la M.T. est susceptible d'apporter une solution globale et permanente aux souffrances et aux problèmes les plus cruciaux de notre monde.

Le terme "transcendantal" choisi par Maharishi pour désigner ce type de méditation signifie "qui va au-delà". Le méditant délaisse le champ habituel de conscience éveillée pour accéder à un état de repos profond au cours duquel s'accroît la vivacité de l'esprit. Il se soustrait ainsi au stress quotidien tout en développant une connaissance consciente. Il accède en même temps à ce niveau de l'esprit d'où l'énergie et l'intelligence sont générées.

Le halo mystérieux qui entoure la M.T. nous porte à croire qu'elle est une espèce de religion parallèle, une philosophie, ou mieux un mode de vie. La M.T. n'est cependant rien de tout cela. Selon ses auteurs elle n'est qu'une simple technique qui peut s'apprendre par n'importe qui en quelques heures seulement et qu'il suffit de pratiquer le matin et le soir pendant quinze à vingt minutes.

Si la technique est simple il semble bien qu'elle ne s'apprenne pas dans un livre. L'initiation à la M.T. nécessite un enseignement personnel et ne peut s'acquérir qu'auprès d'un instructeur compétent. Autrement, l'acte de méditation devient inopérant et l'expérience n'est pas concluante.

Pour ces raisons, nous ne présenterons aucune technique de M.T. dirigeant plutôt le futur adepte vers des centres reconnus et qualifiés. Il en existe dans presque toutes les grandes villes. Nous nous attarderons à un autre type de méditation qui ne nécessite aucune initiation et qui reste accessible à tout le monde; chacun peut la pratiquer chez lui, dans son milieu ou à son travail.

Qu'est-ce que méditer?

De toutes les définitions de la méditation, je retiendrai celle du célèbre Lobsang Rampa qui présente l'avantage d'être simple, explicative, et qui correspond bien à l'idée que je m'en fais et à l'expérience que j'en ai.

Méditation: la méditation est une méthode pour mettre son esprit en ordre, l'entraîner et le développer. Méditer, c'est penser à un certain objet, à un certain sujet, jusqu'à ce qu'on en ait fait le tour et qu'on l'ait pénétré à fond. On peut méditer sur une plante et se représenter sa graine plantée en terre. On médite alors sur la graine et l'on voit craquer celle-ci et jaillir la première pousse. On voit de cette pousse sortir de petites vrilles qui traversent le sol et s'élèvent vers la lumière. Blanche d'abord, puis verte ou brune, la plante prend de la force, atteint sa maturité et plus tard répand d'autres graines qui tombent autour d'elle et sont picorées par les oiseaux, ou même transportées au loin par le vent vers une nouvelle germination. La méditation nous permet, lorsque nous y sommes entraînés, de rechercher le motif profond des choses.[1]

Méditer signifie donc réfléchir, penser et contempler. L'acte de méditation suppose une attitude active et une attitude passive. Qu'est-ce à dire?

---

1. Lobsang Rampa, *Le Dictionnaire de Rampa*, Éd. La Presse, Montréal 1972, p. 104.

L'attitude active

Il peut s'agir de surmonter les difficultés extérieures ou de résoudre des questions épineuses. Par exemple, je prends conscience que dans ma vie je manque d'organisation, de méthode. Je me fie trop au hasard. J'estime que la réflexion est une nécessité. L'intelligence vaut mieux que la voyance. Il est plus sensé de se laisser guider par son esprit que par les astres. Je réfléchis sur les conséquences, les méthodes qui pourraient changer ma vie.

On peut aussi avoir comme fin la préhension d'une notion précise ou d'un objet afin de le connaître sous tous ses angles. La méditation peut également porter sur sa vie personnelle, sur l'organisation méthodique de ses heures de travail et de loisir et sur l'emploi rationnel de ses forces et de ses énergies. Elle peut aussi porter sur l'aspect spirituel de la vie: les soucis de l'âme, les obstacles moraux, l'évolution intérieure et, en général, les grands buts de la vie.

Je constate que je m'en vais à la ruine. Je suis énervé, stressé, nerveux, fatigué; je ne comprends plus ma famille, mon entourage. Je manque de motivation dans la vie. La méditation peut, sans aucun doute, apporter une solution efficace à ces problèmes.

L'attitude passive (ou contemplative)

Cette attitude s'applique à la contemplation. Il s'agit d'introduire une certaine passivité dans l'activité réflexive. La réflexion dont il est question ici, est tout le contraire de celle que l'on pratique lors d'un travail intellectuel (études, planification dans un commerce, etc.). Pas de rigueur intellectuelle, pas de raisonnement, on suit simplement la logique intérieure qui nous guide. Contrairement à ce qui se produit dans un travail intellectuel où l'esprit est actif, où l'intelligence dirige les opérations, ici c'est le sujet de la méditation qui capte l'esprit et lui parle.

Cette attitude passive exige encore que l'acte méditatif se fasse dans la détente, le calme, la paix, l'abandon physique et mental. Assez paradoxalement, le corps et l'esprit ne jouent pas un rôle important, c'est plutôt l'objet de la méditation qui s'empare du méditant. Il s'agit de faire taire l'intellect pour écouter la voix de l'Esprit qui est en nous, ce guide intérieur et invisible. C'est lui qui nous dicte les chemins à suivre pour résoudre nos difficultés et apporter des réponses à nos problèmes quotidiens.

Comment méditer?

Conditions physiques et psychologiques de la méditation

Le cadre physique

Pour atteindre l'efficacité dans la méditation et en retirer tous les fruits, le lieu choisi pour méditer doit répondre à certains critères:

- il doit être calme et isolé de façon à ce que rien ne sollicite l'esprit; il doit être un havre de paix;
- absence de bruit et de sonneries (porte, téléphone, klaxon, etc.);
- faible éclairage afin de ne pas trop stimuler le nerf optique.

Les moments

Bien sûr, on peut méditer n'importe quand, selon les besoins. Mais il y a cependant des moments privilégiés comme le soir et le matin. Le matin, l'esprit est reposé et réceptif; le soir, il n'y a pas de meilleure façon de rompre avec l'activité du jour et ses problèmes, et de se disposer favorablement pour la nuit. À ce moment on donne à l'inconscient qui travaille pendant le sommeil, des idées ou des phantasmes générateurs de paix et d'équilibre qui agissent à notre insu.

La durée

La durée de la méditation dépend de la maturité d'esprit et de la motivation du méditant. On acquiert cependant de la facilité avec l'habitude et la technique. Les premières séances peuvent durer en moyenne de cinq à dix minutes pendant lesquelles les efforts du débutant sont concentrés sur la technique. Une fois l'habitude acquise, la méditation devient presque un réflexe et toute l'attention, à ce moment, est concentrée sur le sujet de la méditation.

La position

On peut méditer assis ou couché pourvu que l'on soit dans une position confortable favorisant la relaxation totale. Assis, les pieds et les jambes doivent être bien posés, sur le plancher; couché, on peut s'étendre dans son lit ou mieux, par terre, sur le dos, les jambes et les bras allongés le long du corps.

Méthode de méditation

1ère étape: La relaxation du corps

Toutes les méthodes de méditation commencent par la relaxation. Pour parvenir à l'identification parfaite avec le sujet de la méditation, il faut que l'âme et le corps soient dans un état de repos absolu. Cet état n'est pas facile à obtenir étant donné le rythme des activités vécues pendant la journée, et l'état de stress qu'elles engendrent. Cet état de tension devient, au fil des heures et des jours, presque une seconde nature. Même lorsqu'on croit être parfaitement relaxé, il existe presque toujours des résidus de tension que seul l'initié peut déceler.

Pour parvenir à cet état, on peut s'inspirer de la méthode que j'ai exposée au chapitre consacré au repos. Le meilleur moyen de se détendre complètement est de parler à son corps de la façon suivante: les yeux fermés, on se concentre sans effort et l'on se dit: *je suis calme, de plus en plus calme ou je suis capable de me détendre et je vais y parvenir dans les instants qui vont suivre.* Répéter ces courtes phrases lentement, plusieurs fois. Puis détendre chacune des parties de son corps en commençant par les pieds et les jambes. Dire: *Je sens mes pieds lourds... très lourds;* puis passer aux jambes, aux bras, au siège, à la tête, en procédant toujours de la même façon.*

---

* Consulter à ce sujet le chapitre XI sur le repos ("La relaxation").

La respiration

Pendant ce temps, la respiration doit être lente, régulière, profonde et consciente (utiliser la respiration de type abdominale comme nous l'avons montrée au chapitre sur la respiration). La conscience de la respiration doit durer aussi longtemps que nécessaire pour parvenir à la relaxation complète. On sent alors que le corps n'existe plus, qu'il se confond avec l'univers et le cosmos.

2e étape: le silence du mental

Cette étape peut se faire parallèlement à la précédente. La mise au repos de la pensée est aussi importante que la détente du corps. Le silence du mental consiste à couper tous les ponts avec les activités de la journée, les problèmes vécus ou à venir, de façon à préparer le terrain pour la venue du sujet de la méditation.

Il se peut cependant que l'on éprouve de la difficulté à parvenir au silence intérieur et que l'on rencontre des obstacles à la concentration. Ce peut être des pensées de soucis, de haine, d'ambition, de peur, etc., qui produisent dans la conscience un véritable tourbillon mental. La cause de ce phénomène provient du fait que la détente psycho-physique libère une quantité d'émotions, de sentiments, d'impressions refoulés dans l'inconscient et qui, à la faveur de cet état d'apaisement, envahissent la conscience.

À ce moment, il ne faut pas trop se défendre contre ces pensées ou ces idées. Cela risquerait d'en augmenter la force. Il vaut mieux les laisser venir et repartir du champ de la conscience. Cette attitude d'indifférence ou de non ingérence ne tarde pas à produire le retrait définitif de ces pensées.

Pour libérer son esprit, on peut encore procéder par substitution d'images mentales évoquant le calme et la sérénité, tel un paysage, une image, etc.

3e étape: la méditation

C'est ici que le sujet de la méditation est abordé. Tout réside dans l'approche. Il serait bon de relire à ce propos ce que nous avons dit plus haut sur l'attitude passive. Qu'il s'agisse de méditer sur un thème de la vie, un fait de l'existence, la planification d'une activité ou un changement à apporter dans sa vie, l'important est de laisser parler la "Voix intérieure" qui réside en nous. C'est elle qui nous dicte ce qu'il faut penser et faire. Chaque pensée qui entre dans la conscience de cette façon est douée d'une entité et d'une force de persuasion extraordinaires. Ces idées mettent en branle des vibrations intérieures; en prenant forme et en s'identifiant à nous, elles passent inconsciemment dans la vie quotidienne.

Il faut répondre à la voix intérieure par *l'affirmation confiante de ce que nous souhaitons réaliser*. Par exemple, le stressé peut répéter: *Je suis maintenant calme, d'un calme imperturbable, rien ne m'affectera plus; rien ne viendra troubler mon esprit et mon corps*. L'affirmation engendre la réalisation. C'est le moyen par excellence de se transformer intérieurement et extérieurement. La parole, comme la pensée, provoque des vibrations qui modifient nos comportements erronés.

Comment méditer à partir d'un texte

Certaines personnes préféreront méditer à partir d'un texte, ou à la limite, un mot, une pensée. C'est une excellente façon de méditer. Elle présente l'avantage de fournir des idées pour alimenter la réflexion. En outre, cette façon de méditer se situe bien dans la perspective de l'écoute de la "Voix intérieure".

Prérequis

- Ce type de méditation se fait dans les mêmes conditions physiques et psychologiques énoncées plus haut.
- La position: assis.

Démarche

1ère étape: le choix du texte

Le choix du texte se fait en fonction de ses intérêts, de ses préoccupations, de ses besoins. Il porte sur un thème de la vie ou sur un moyen susceptible d'améliorer l'existence; on peut également chercher un remède à ses maux ou une réponse à ses interrogations. Le texte doit être riche de façon à constituer en lui-même une motivation pour le méditant. Il peut être pris dans un livre ou une revue. Le livre que vous lisez présentement est constitué d'une matière abondante capable d'alimenter votre réflexion. Il a été conçu pour cela. Prenez une page ou un passage, ici et là, et méditez-les. Vous en tirerez un grand profit.

Le domaine religieux, en particulier, présente de nombreux sujets de méditation: une prière, un livre de réflexions sur la vie etc. Mais par-dessus tout, méditez la *BIBLE*. Elle offre un champ de méditation vraiment exceptionnel. Méditez les livres des *Proverbes, l'Ecclésiaste, Le livre de la Sagesse, L'Ecclésiastique*. Ces livres constituent un véritable code pouvant guider la vie personnelle et sociale. Ils traitent à peu près de tout. Essayez d'ouvrir la Bible au hasard. Vous y trouverez chaque fois une réponse à vos inquiétudes et à vos interrogations. Cela vient du fait que la Bible est moins un livre qu'une parole, la Parole de Dieu: celle d'un être supérieur qui s'adresse à chacun pour le guider dans cette vallée de larmes.

Ceux qui cherchent un maître à penser ou le *MAÎTRE*, ne peuvent faire un meilleur choix; car ils y trouveront des réponses non seulement aux problèmes quotidiens mais aussi aux grandes interrogations et aux grandes angoisses de notre temps. Ils apprendront surtout à distinguer en toutes choses l'essentiel de l'accessoire.

2e étape: la lecture

La lecture se fait silencieusement et, contrairement aux principes de la lecture dynamique ou rapide, les lèvres doivent remuer en prononçant chaque mot. Cette lecture n'a pas pour but l'acquisition de connaissance; c'est avant tout une rencontre avec le texte, un premier contact.

Une seconde lecture est recommandée; le but est d'intensifier la rencontre avec le texte pour parvenir à une véritable communion avec lui. De cette façon, les idées font leur chemin dans la conscience et illuminent la route.

3e étape: *LA MÉDITATION*

L'esprit est ouverture au texte; il est dans une attitude de réceptivité totale. Il ne s'agit pas de découvrir la logique du texte, ni de dégager les idées principales et secondaires; on ne jongle pas avec les concepts. On ne procède pas par méthode. On laisse les idées envahir la conscience dans l'ordre qu'elles se présentent, en s'arrêtant, le temps nécessaire, sur chacune d'elles; on les contemple plus qu'on cherche à percer leur signification (connotation ou dénotation). Cette étape dure aussi longtemps que le temps nous le permet et que le coeur nous en dit.

4e étape: *L'application à la vie*

L'esprit quitte l'attitude de passivité et entre dans une phase active. On se demande comment les idées qui ont retenu notre attention peuvent passer dans la pratique quotidienne et changer notre vie. On peut reformuler chaque idée en appliquant la technique de l'affirmation (ou auto-suggestion). Par exemple, si la méditation a lieu le matin, dire:

- "Aujourd'hui je ferai telle chose..."
- "J'accomplirai cette tâche de cette façon..." etc.

Cette phase correspond aux prises de résolutions pour la journée. La force et l'efficacité d'une résolution dépendent en grande partie de la fréquence des rappels que l'on s'en fait. Il faut y revenir constamment si l'on veut réellement modifier en profondeur ses comportements et se transformer.

Conclusion

Il faut démystifier la méditation, et ne pas penser qu'elle est réservée aux seuls initiés ou qu'elle suppose la connaissance d'un rite particulier que seuls possèdent quelques rares privilégiés. Bien au contraire, nous avons vu, à travers une méthode simple, qu'elle peut être accessible à tous, en tout temps...

Voilà pourquoi il faut développer *le réflexe de méditation*. La méditation n'exige pas un effort artificiel de la part du méditant; elle est un acte parfaitement naturel. C'est un mécanisme inné qui équilibre l'activité et le stress et qui peut être assimilé à la réaction combat/fuite. Considérez la méditation comme un instrument, un moyen extraordinaire de renouveler et de transformer l'existence. Qu'elle fasse partie de votre vie. C'est le moyen le plus efficace de *développer l'énergie intérieure.*

Conclusion

Le document intitulé "Nouvelle perspective de la santé des Canadiens" publié par le ministre de la Santé nationale et du Bien-être social indique quatre éléments principaux qui devraient faire partie d'une conception globale de la santé: LA BIOLOGIE HUMAINE, L'ENVIRONNEMENT, LES HABITUDES DE VIE et L'ORGANISATION DES SOINS DE LA SANTÉ.

La biologie humaine comprend tous les aspects de la santé. Celle-ci est donc le résultat de l'observance de toutes les lois d'hygiène physique et mentale. On ne peut pas choisir d'en observer quelques-unes au détriment des autres, car il existe un rapport de forces entre ces lois qui ne souffrent peu d'écarts. L'idéal serait de les intégrer à une conception globale de l'existence; elles devraient faire partie intégrante d'un nouveau *mode de vie*. La santé n'est pas un moyen, elle est une fin. Elle n'est pas une recette pour être heureux, elle est déjà le bonheur, le sens même de la vie: vivre une vie pleine et entière en toute possession de ses facultés physiques et mentales. Être conscient de ses forces et désireux d'en faire usage, c'est travailler dans le sens de l'accomplissement personnel, but ultime de l'action.

Mais la santé n'est pas une denrée qui s'achète, avec une garantie de possession tranquille. Elle engage l'individu tout entier: ses valeurs, ses concepts, ses comportements, ses attitudes, ses habitudes de vie. Elle constitue une obligation morale en regard de la vie qui lui a été octroyée et qu'il doit maintenir.

La santé implique aussi une remise en question des rapports citoyen-médecin. Il faut de toute évidence détruire ce mythe qui veut que la santé soit l'affaire exclusive des thérapeutes. Il est vrai qu'au niveau curatif, l'intervention du médecin est souvent nécessaire et indispensable. Mais dans bien des cas, comme le pense Yvan Illich, la majorité des interventions thérapeutiques sont peu coûteuses et peuvent aisément être appliquées au sein de la cellule familiale. S'appuyant sur une étude canadienne, Illich affirme que les connaissances requises pour diagnostiquer les affections les plus généralement répandues et déterminer le traitement adéquat, sont si élémentaires que toute personne ayant à coeur d'observer soigneusement les instructions fournies, obtiendrait probablement, au niveau de l'efficacité curative, des résultats auxquels aucune pratique médicale patentée ne peut prétendre. Les autres cas relèveraient de la compétence de thérapeutes spécialisés comme les médecins.

Sur le plan préventif, il ne fait aucun doute que la santé se joue en grande partie au niveau de l'individu. À cette fin, le gouvernement devrait repenser tout le système de la santé. Dans les réformes sociales, on a trop tendance à considérer la santé comme l'absence de maladie seulement. Ainsi, on met davantage l'accent sur la création et l'aménagement d'hôpitaux et de cliniques que sur la prévention et l'éducation. Plutôt qu'un ministère de la maladie, le gouvernement devrait instaurer un véritable ministère de la santé. Au lieu de former uniquement des médecins, il devrait former des éducateurs de la santé. Cela coûterait beaucoup moins cher. Et quel progrès la société n'accomplirait-elle ainsi!

Les objectifs que nous avons poursuivis dans ce livre s'inscrivent précisément dans ce travail de sensibilisation générale. Nous avons adoptée la perspective de l'énergie. Ce n'est pas par hasard que nous avons choisi ce thème. Dans le contexte socio-politique actuel, quand on parle d'énergie, on fait surtout référence aux problèmes occasionnés par la crise du pétrole. Il est temps que l'on ajoute au débat la dimension essentielle de l'énergie humaine. Que sert à l'homme d'inventer des machines puissantes et de trouver le combustible nécessaire pour les faire fonctionner si le rendement de sa propre "machine" physiologique et mentale est insatisfaisant. Le problème de l'énergie humaine doit figurer au centre des préoccupations de l'homme. Puisse ce livre éveiller la conscience de tous ceux qui le liront.

Bibliographie[1]

ALAIN, *Propos sur le bonheur*, Gallimard, Paris, édition de 1968, 242 p.

BENSON, Dr H. et KLIPPER, Z. Miriam, *Réagir par la détente*, coll.: Le corps à vivre, Tchou, Paris, 1976, 156 p.

BERNARD, Jean, *Grandeur et tentation de la médecine*, Buchet-Chastel, Paris, 1973, 332 p.

BLANCHET, Madeleine, m.d., *Indices de l'état de santé de la population du Québec*, annexe 3 au rapport de la Commission d'enquête sur la santé et le bien-être, Québec, 1970, 569 p.

BLANCHET, Dr Roméo, BERGERON, Georges-A., *Notes de physiologie*, Les Presses de l'Université Laval, Québec, 1966, 154 p.

BOON, Dr H., DAVROU, Dr Y., MASQUET, J.C., *La Sophrologie*, RETZ-C.E.P.L., Paris, 1976, 256 p.

BOSQUET, Michel, "Quand la médecine rend malade", *Le Nouvel Observateur*, nos 519 et 520, Paris, 21 et 28 octobre, 1974.

BRON-VELAY, *Pratique de la méthode VITTOZ*, Éditions du Levain, Paris, 1974, 92 p.

BROWN, Barbara B., *Stress et Bio-Feedback*, Éditions Étincelle, Montréal, 1978, 285 p.

BOUSINGEN, R. Durand de, *La relaxation*, P.U.F., Paris, 1973, 126 p.

CANADA, Ministère de la Santé nationale et du Bien-être social, *Nutrition Canada, compte rendu de l'étude menée au Québec*, Ottawa, 1975, 172 p.

CARON-LAHAIE, Liliane, *Nutrition et diététique*, 1960, 189 p.

CARREL, Alexis, *L'Homme cet inconnu*, Plon, Coll. Livre de poche, Paris, édition de 1971, 447 p.

---

1. Paraissent ici les ouvrages et articles utilisés ou consultés en rapport avec notre sujet.

CHAUCHARD, Dr Paul, *Précis de biologie humaine*, Presses universitaires de France, Paris, 1966, 403 p.

CHAUCHARD, Dr Paul, *L'Équilibre sexuel*, Éditions du levain, Paris, 61 p.

CHAUCHARD, Dr Paul, *La Fatigue*, P.U.F., Paris, 1968, 128 p.

CHAUCHARD, Dr Paul, *La Maîtrise de soi*, Dessard, Bruxelles, 1963, 226 p.

C.N.D., *La Cuisine raisonnée*, Fides, Montréal, 1967, 664 p.

COURNOYER, L., GARON, O., *Biologie*, Cours Oria, HMH, Montréal, 1977, 431 p.

DÉSIRÉ, Charles, MARCHAL, Guy, *Biologie humaine*, Centre Éducatif et Culturel, Montréal, 1968, 304 p.

DOROZYNSKI, Alexandre, *Médecine sans médecins*, Centre de recherche pour le développement international, Ottawa, 1975, 64 p.

DUBOS, René, *L'Homme et l'adaptation au milieu*, Éditions Payot, Paris 1973, 472 p.

FOUGÈRE, Paule, *Les Médicaments du bien-être*, Hachette, 1970, 239 p.

FREEMAN, Ruth B., *Nursing social*, Les Éditions HRW, Montréal-Toronto, 1973, 464 p.

GEISSMANN, P. et BOUSINGEN, R. Durand de, *Les méthodes de relaxation*, Dessart, Bruxelles, 1968, 318 p.

GILBERT, Jules, *Vivre en santé*, Éditions du Jour, Montréal 1975, 234 p.

GUITTON, Jean, *L'Amour humain*, Éditions Montaigne, Paris, 1948, 245 p.

GUITTON, Jean, *Apprendre à vivre et à penser*, Fayard, Paris, 1957, 110 p.

GUSDORF, Georges, *La Parole*, P.U.F., Paris, 1968, 122 p.

GRAVEL, Dr Pierre, *Aérobix*, Les Éditions de l'Homme, Montréal, 1970, 93 p.

GUNTER, Bernard, *La relaxation sensorielle*, Les Éditions de l'Homme, Montréal, 1972, 159 p.

HAUSER, Gaylor, *Vivez jeune vivez longtemps*, Buchet/Chastel, Paris, 1954, 254 p.

HEINZ, "Vérités sur l'alimentation", brochure publiée par la Compagnie Heinz, Ontario, 1977, 24 p.

HESNARD, A. *Psychanalyse du lien interhumain*, Presses universitaires de France, Paris, 1957, 231 p.

ILLICH, Yvan, *Némésis médical*, Éditions du Seuil, Paris, 1975, 222 p.

IRALA, Narciso, *Contrôlez vos émotions*, Éditions Paulines, Sherbrooke, 1962, 247 p.

JACOB, Réal, "Travail et stress: l'urgence d'intervenir", I, "Prévention", vol XIII, no 6, Montréal, juin 1978, pages 5 à 12.

LALONDE, Marc, *Nouvelle perspective de la santé des Canadiens*, Gouvernement du Canada, Ottawa, 1974, 82 p.

LANGEVIN, Louise, "Des rêves en pot, en sachets, en flacons...", dans "Protégez-vous", septembre 1978, pages 16 à 18.

LARIVIÈRE, Dr André, *Vivre en bonne santé*, Solar éditeur, Paris, 1973, 211 p.

LAVEL, Louis, *Conduite à l'égard d'autrui*, Albin Michel, Paris, 1957, 245 p.

LAVEL, Louis, *La parole et l'écriture*, L'Artisan du livre, Paris, 1959, 250 p.

LEMAIRE, Dr J.-G., *La Relaxation*, Payot, Paris, 1964, 182 p.

LÉVESQUE, André, "Yoga: se sentir bien", dans "Les Enseignants", février 1979. (Nous avons présenté, en l'adaptant, le modèle de respiration yogique proposé dans cet article).

LOWEN, Dr Alexander, *La Bio-Énergie,* Éditions du Jour, Tchou, Montréal, 1975, 310 p.

MANOUVRIER, Frans et MOREAU, André, *La médiation sexuelle*, Librairie Liaisons, Montréal, 1969, 157 p.

MASURE, E. *Le Signe,* Éditions Bloud et Gay, Paris, 1953, 336 p.

MEAD, George, *L'esprit, le Soi et la société,* (traduit de l'anglais par Jean Cazeneuve, Eugène Kaelin et Georges Thibault), Presses Universitaires de France, Paris, 1963, 332 p.

MORRISSON, CORNET, TETHER, GRATZ, *Précis de biologie humaine,* Montréal Toronto, Les Éditions HRW Ltée, 1977 (traduit de *Human Physiology,* 5e édition, par André Décari), 432 p.

MUCCHIELLI, Roger, "Communication et réseaux de communications" (Séminaires) Entreprise moderne d'éditions, Librairies techniques, Les Éditions E S F, 1973.

OSTIGUY, Dr Jean-Paul, *Santé et joie de vivre,* Les Éditions de l'Homme, Montréal, 1972, 319 p.

OTTAWA, *Alimentation saine,* publié par les Services de l'information, ministère de la Santé nationale et du Bien-être social, 1956, 68 p.

PÉPIN, Jean-Guy, *Initiation à l'hygiène,* Centre de Psychologie et de Pédagogie, Montréal, 1957, 359 p.

PETRESCU, Leonid, *Le surmenage,* Éditions Universitaires, Paris, 1970, 195 p.

PRÉFONTAINE, Marielle, BLAIS Mariette, SIMARD-MAVRI-KAKIS, Suzanne, *L'Alimentation: ses multiples aspects,* Guérin, Montréal, 1972, 418 p.

PROULX, Jean, "Pour une médecine sociale et préventive: une entrevue avec le Dr Maurice Jobin", Critère, no 13, Collège Ahuntsic, Montréal, juin 1976.

QUÉBEC, *Considérations sur les besoins du corps humain et les règles alimentaires,* Ministère de la santé (Division de la nutrition), Gouvernement du Québec, 1958, 93 p.

QUÉBEC, Comité d'étude sur la condition physique des Québécois, *Rapport présenté au ministre d'État responsable du Haut-Commissariat à la Jeunesse, aux Loisirs et aux Sports,* Québec, juillet 1974, 303 p., miméographié.

QUÉBEC, "Guide alimentaire québécois", brochure publiée par le Ministère des Affaires sociales, Gouvernement du Québec, 1979, 23 p.

RAMPA, Lobsang, *Le dictionnaire de Rampa,* Les Éditions La Presse, Montréal, 1972, 206 p.

SCHMIDT, K.O., *Le succès est à vos ordres,* Édition ASTRA, Paris, 1958, 235 p.

SCHMIDT, K.O., *La voie de la perfection*, Éditions ASTRA, Paris, 1975, 293 p.

SELYE, Dr Hans, *Stress sans détresse*, Les Éditions La Presse, Montréal, 1974, 175 p.

SHELTON, Herbert M., *Les combinaisons alimentaires et votre santé*, Éditions de LA NOUVELLE HYGIÈNE (traduit de "FOOD COMBINING MADE EASY", par René Bertrand), Paris, 1968, 126 p.

SUZUKI, Shunryu, *Esprit zen esprit neuf*, Éditions du Seuil, Paris, 1962, 180 p.

TEILHARD DE CHARDIN, Pierre, *L'énergie humaine*, Éditions du Seuil, Paris, 1962, 221 p.

TOCQUET, Robert, *La volonté l'attention la mémoire*, Les Éditions de l'Homme, Montréal, 1970, 184 p.

TRÉMOLIÈRE, Jean, *Diététique et art de vivre*, Seghers, Paris, 1975, 323 p.

TRÉMOLIÈRE, J., SERVILLE, Y., JACQUOT, R., *Manuel élémentaire d'alimentation humaine*, Tome I, *Les bases de l'alimentation*, Édit. E.S.F., Paris, 1975, 521 p.

VALERY, Paul, *Cahier I*, La Pléiade, tome I, Paris, 1973, 1491 p.

VALERY, Paul, *Cahier II*, La Pléiade, tome II, Paris, 1974, 1757 p.

VAN de VELDE, Dr Th. H., *Le mariage parfait*, Éditions Albert Müller, Rüschlikon, Zurich, 1968, 291 p.

VANDER, A.J., SHERMAN, J.H., LUCIANO, D.S., *Physiologie humaine*, McGraw, Montréal, 1977, 608 p.

VERNET, Dr Maurice, *La vie dans l'énergie universelle*, Les Productions de Paris, 1966, 179 p.

VILLEDIEU, Yanick, *Demain la santé*, Le Magazine QUÉBEC SCIENCE, coll. Les Dossiers de Québec Science, 1976, 291 p.

Index

Table des matières

OUVRAGES PARUS AUX ÉDITIONS

cim

La personne

COMMUNICATION ET ÉPANOUISSEMENT PERSONNEL
Lucien Auger (1972) *Editions de l'Homme — Editions du CIM*

J'AIME
Yves Saint-Arnaud (1978) *Editions de l'Homme — Editions du CIM*

L'AMOUR
Lucien Auger (1979) *Editions de l'Homme — Editions du CIM*

LA PERSONNE HUMAINE
Yves Saint-Arnaud (1974) *Editions de l'Homme — Editions du CIM*

S'AIDER SOI-MÊME
Lucien Auger (1974) *Editions de l'Homme — Editions du CIM*

SE CONNAÎTRE SOI-MÊME: CRISE D'IDENTITÉ
DE L'ADULTE
Gérard Artaud (1978) *Editions de l'Homme — Editions du CIM*

UNE THÉORIE DU CHANGEMENT DE LA
PERSONNALITÉ
Gendlin (Roussel) (1975) *Editions du CIM*

VAINCRE SES PEURS
Lucien Auger (1977) *Editions de l'Homme — Editions du CIM*

SE COMPRENDRE SOI-MÊME
Collaboration (1979) *Editions de l'Homme — Editions du CIM*

LA PREMIÈRE IMPRESSION
Chris L. Kleinke (1979) *Editions de l'Homme — Editions du CIM*

S'AFFIRMER ET COMMUNIQUER
Jean-Marie Boisvert et Madeleine Beaudry (1979) *Editions de l'Homme — Editions du CIM*

ÊTRE SOI-MÊME
Dorothy Corkille Briggs (1979) *Editions de l'Homme — Editions du CIM*

VIVRE AVEC SA TÊTE OU AVEC SON COEUR
Lucien Auger (1979) *Editions de l'Homme — Editions du CIM*

COMMENT DÉBORDER D'ÉNERGIE
Jean-Paul Simard (1980) *Editions de l'Homme — Editions du CIM*

Groupes et organisations

DYNAMIQUE DES GROUPES
Aubry et Saint-Arnaud (1975) *Editions de l'Homme — Editions du CIM*

ESSAI SUR LES FONDEMENTS PSYCHOLOGIQUES DE LA COMMUNAUTÉ
Yves Saint-Arnaud (1970) *Editions du CIM* — épuisé

L'EXPÉRIENCE DES RETRAITES EN DIALOGUE
Louis Fèvre (1974) *Desclée de Brouwer — Editions du CIM*

LE GROUPE OPTIMAL I: MODÈLE DESCRIPTIF DE LA VIE EN GROUPE
Yves Saint-Arnaud (1972) *Editions du CIM* — épuisé

LE GROUPE OPTIMAL II: THÉORIE PROVISOIRE DU GROUPE OPTIMAL
Yves Saint-Arnaud (1972) *Editions du CIM* — épuisé

LE GROUPE OPTIMAL III: SA SITUATION DANS L'ENSEMBLE DES RECHERCHES
Rolland-Bruno Tremblay (1974) *Editions du CIM*

LE GROUPE OPTIMAL IV: GRILLES D'ANALYSE THÉORIQUES ET PRATIQUES DU GROUPE RESTREINT
Yves Saint-Arnaud (1976) *Editions du CIM* — épuisé

LES PETITS GROUPES: PARTICIPATION ET
COMMUNICATION
Yves Saint-Arnaud (1978) *Les Presses de L'Université de Montréal
— Editions du CIM*

SAVOIR ORGANISER, SAVOIR DÉCIDER
Gérald Lefebvre (1975) *Editions de l'Homme — Editions du CIM*

STRUCTURE DE L'ENTREPRISE ET CAPACITÉ
D'INNOVATION
André-Jean Rigny (1973) *Editions hommes et techniques*

Achevé d'imprimer sur les presses de

L'IMPRIMERIE ELECTRA*
*Division de l'A.D.P. Inc.

pour

LES ÉDITIONS DE L'HOMME*
*Division de Sogides Ltée

Imprimé au Canada/Printed in Canada

Ouvrages parus
chez les Éditeurs du groupe Sogides

Ouvrages parus aux
ÉDITIONS
DE L'HOMME

ALIMENTATION — SANTÉ

Alimentation pour futures mamans, Mmes Sekely et Gougeon
Les allergies, Dr Pierre Delorme
Apprenez à connaître vos médicaments, René Poitevin
L'art de vivre en bonne santé, Dr Wilfrid Leblond
Bien dormir, Dr James C. Paupst
La boîte à lunch, Louise Lambert-Lagacé
La cellulite, Dr Gérard J. Léonard
Comment nourrir son enfant, Louise Lambert-Lagacé
La congélation des aliments, Suzanne Lapointe
Les conseils de mon médecin de famille, Dr Maurice Lauzon
Contrôlez votre poids, Dr Jean-Paul Ostiguy
Desserts diététiques, Claude Poliquin
La diététique dans la vie quotidienne, Louise L.-Lagacé
En attendant notre enfant, Mme Yvette Pratte-Marchessault
Le face-lifting par l'exercice, Senta Maria Rungé

La femme enceinte, Dr Robert A. Bradley
Guérir sans risques, Dr Emile Plisnier
Guide des premiers soins, Dr Joël Hartley
La maman et son nouveau-né, Trude Sekely
La médecine esthétique, Dr Guylaine Lanctôt
Menu de santé, Louise Lambert-Lagacé
Pour bébé, le sein ou le biberon, Yvette Pratte-Marchessault
Pour vous future maman, Trude Sekely
Recettes pour aider à maigrir, Dr Jean-Paul Ostiguy
Régimes pour maigrir, Marie-José Beaudoin
Santé et joie de vivre, Dr Jean-Paul Ostiguy
Le sein, En collaboration
Soignez-vous par le vin, Dr E.A. Maury
Sport — santé et nutrition, Dr Jean-Paul Ostiguy
Tous les secrets de l'alimentation, Marie-Josée Beaudoin

ART CULINAIRE

101 omelettes, Marycette Claude
L'art d'apprêter les restes, Suzanne Lapointe
L'art de la cuisine chinoise, Stella Chan
La bonne table, Juliette Huot
La brasserie la mère Clavet vous présente ses recettes, Léo Godon
Canapés et amuse-gueule
Les cocktails de Jacques Normand, Jacques Normand
Les confitures, Misette Godard
Les conserves, Soeur Berthe
La cuisine aux herbes
La cusine chinoise, Lizette Gervais
La cuisine de maman Lapointe, Suzanne Lapointe
La cuisine de Pol Martin, Pol Martin
La cuisine des 4 saisons, Hélène Durand-LaRoche
La cuisine en plein air, Hélène Doucet Leduc
La cuisine micro-ondes, Jehane Benoit
Cuisiner avec le robot gourmand, Pol Martin
Du potager à la table, Paul Pouliot et Pol Martin
En cuisinant de 5 à 6, Juliette Huot
Fondue et barbecue
Fondues et flambées de maman Lapointe, S. et L. Lapointe
Les fruits, John Goode
La gastronomie au Québec, Abel Benquet
La grande cuisine au Pernod, Suzanne Lapointe
Les grillades
Hors-d'oeuvre, salades et buffets froids, Louis Dubois
Les légumes, John Goode
Liqueurs et philtres d'amour, Hélène Morasse
Ma cuisine maison, Jehane Benoit
Madame reçoit, Hélène Durand-LaRoche
La pâtisserie, Maurice-Marie Bellot
Poissons et crustacés
Poissons et fruits de mer, Soeur Berthe
Le poulet à toutes les sauces, Monique Thyraud de Vosjoli
Les recettes à la bière des grandes cuisines Molson, Marcel L. Beaulieu
Recettes au blender, Juliette Huot
Recettes de gibier, Suzanne Lapointe
Les recettes de Juliette, Juliette Huot
Les recettes de maman, Suzanne Lapointe
Les techniques culinaires, Soeur Berthe Sansregret
Vos vedettes et leurs recettes, Gisèle Dufour et Gérard Poirier
Y'a du soleil dans votre assiette, Francine Georget

DOCUMENTS — BIOGRAPHIES

Action Montréal, Serge Joyal
L'architecture traditionnelle au Québec, Yves Laframboise
L'art traditionnel au Québec, M. Lessard et H. Marquis
Artisanat québécois 1, Cyril Simard
Artisanat Québécois 2, Cyril Simard
Artisanat Québécois 3, Cyril Simard
Les bien-pensants, Pierre Berton
La chanson québécoise, Benoît L'Herbier
Charlebois, qui es-tu? Benoit L'Herbier
Le comité, M. et P. Thyraud de Vosjoli
Deux innocents en Chine rouge, Jacques Hébert et Pierre E. Trudeau
Duplessis, tome 1: L'ascension, Conrad Black
Les mammifères de mon pays, St-Denys, Duchesnay et Dumais
Margaret Trudeau, Felicity Cochrane
Masques et visages du spiritualisme contemporain, Julius Evola
Mon calvaire roumain, Michel Solomon
Les moulins à eau de la vallée du Saint-Laurent, F. Adam-Villeneuve et C. Felteau
Mozart raconté en 50 chefs-d'oeuvre, Paul Roussel
La musique au Québec, Willy Amtmann
Les objets familiers de nos ancêtres, Vermette, Genêt, Décarie-Audet
L'option, J.-P. Charbonneau et G. Paquette
Option Québec, René Lévesque

Duplessis, tome 2: Le pouvoir Conrad Black
La dynastie des Bronfman, Peter C. Newman
Les écoles de rasb au Québec, Jacques Dorion
Égalité ou indépendance, Daniel Johnson
Envol — Départ pour le début du monde, Daniel Kemp
Les épaves du Saint-Laurent, Jean Lafrance
L'ermite, T. Lobsang Rampa
Le fabuleux Onassis, Christian Cafarakis
La filière canadienne, Jean-Pierre Charbonneau
Le grand livre des antiquités, K. Bell et J. et E. Smith
Un homme et sa mission, Le Cardinal Léger en Afrique
Information voyage, Robert Viau et Jean Daunais
Les insolences du Frère Untel, Frère Untel
Lamia, P.L. Thyraud de Vosjoli
Magadan, Michel Solomon
La maison traditionnelle au Québec, Michel Lessard et Gilles Vilandré
La maîtresse, W. James, S. Jane Kedgley

Les papillons du Québec, B. Prévost et C. Veilleux
La petite barbe. J'ai vécu 40 ans dans le Grand Nord, André Steinmann
Pour entretenir la flamme, T. Lobsang Rampa
Prague l'été des tanks, Desgraupes, Dumayet, Stanké
Premiers sur la lune, Armstrong, Collins, Aldrin Jr
Provencher, le dernier des coureurs de bois, Paul Provencher
Le Québec des libertés, Parti Libéral du Québec
Révolte contre le monde moderne, Julius Evola
Le struma, Michel Solomon
Le temps des fêtes, Raymond Montpetit
Le terrorisme québécois, Dr Gustave Morf
La treizième chandelle, T. Lobsang Rampa
La troisième voie, Emile Colas
Les trois vies de Pearson, J.-M. Poliquin, J.R. Beal
Trudeau, le paradoxe, Anthony Westell
Vizzini, Sal Vizzini
Le vrai visage de Duplessis, Pierre Laporte

ENCYCLOPÉDIES

L'encyclopédie de la chasse, Bernard Leiffet
Encyclopédie de la maison québécoise, M. Lessard, H. Marquis
Encyclopédie des antiquités du Québec, M. Lessard, H. Marquis
Encyclopédie des oiseaux du Québec, W. Earl Godfrey

Encyclopédie du jardinier horticulteur, W.H. Perron
Encyclopédie du Québec, vol. I, Louis Landry
Encyclopédie du Québec, vol. II, Louis Landry

LANGUE

Améliorez votre français, Professeur Jacques Laurin
L'anglais par la méthode choc, Jean-Louis Morgan
Corrigeons nos anglicismes, Jacques Laurin

Notre français et ses pièges, Jacques Laurin
Petit dictionnaire du joual au français, Augustin Turenne
Les verbes, Jacques Laurin

LITTÉRATURE

LIVRES PRATIQUES — LOISIRS

Fins de partie aux dames, H. Tranquille, G. Lefebvre
Le fléché, F. Bourret, L. Lavigne
La fourrure, Caroline Labelle
Gagster, Claude Landré
Le guide complet de la couture, Lise Chartier
Guide du propriétaire et du locataire, M. Bolduc, M. Lavigne, J. Giroux
Guide du véhicule de loisir, Daniel Héraud
La guitare, Peter Collins
L'hypnotisme, Jean Manolesco

La taxidermie, Jean Labrie
Technique de la photo, Antoine Desilets
Tenir maison, Françoise Gaudet-Smet
Terre cuite, Robert Fortier
Tout sur le macramé, Virginia I. Harvey
Les trouvailles de Clémence, Clémence Desrochers
Vivre, c'est vendre, Jean-Marc Chaput
Voir clair aux dames, H. Tranquille, G. Lefebvre
Voir clair aux échecs, Henri Tranquille
Votre avenir par les cartes, Louis Stanké
Votre discothèque, Paul Roussel

PLANTES — JARDINAGE

Arbres, haies et arbustes, Paul Pouliot
La culture des fleurs, des fruits et des légumes
Dessiner et aménager son terrain
Le jardinage, Paul Pouliot
Je décore avec des fleurs, Mimi Bassili

Les plantes d'intérieur, Paul Pouliot
Les techniques du jardinage, Paul Pouliot
Les terrariums, Ken Kayatta et Steven Schmidt
Votre pelouse, Paul Pouliot

PSYCHOLOGIE — ÉDUCATION

Aidez votre enfant à lire et à écrire, Louise Doyon-Richard
L'amour de l'exigence à la préférence, Lucien Auger
Caractères et tempéraments, Claude-Gérard Sarrazin
Les caractères par l'interprétation des visages, Louis Stanké
Comment animer un groupe, Collaboration
Comment vaincre la gêne et la timidité, René-Salvator Catta
Communication et épanouissement personnel, Lucien Auger
Complexes et psychanalyse, Pierre Valinieff
Contact, Léonard et Nathalie Zunin
Cours de psychologie populaire, Fernand Cantin
Découvrez votre enfant par ses jeux, Didier Calvet
La dépression nerveuse, En collaboration

Futur père, Yvette Pratte-Marchessault
Hatha-yoga pour tous, Suzanne Piuze
Interprétez vos rêves, Louis Stanké
J'aime, Yves Saint-Arnaud
Le langage de votre enfant, Professeur Claude Langevin
Les maladies psychosomatiques, Dr Roger Foisy
La méditation transcendantale, Jack Forem
La personne humaine, Yves Saint-Arnaud
La première impression, Chris L. Kleinke
Préparez votre enfant à l'école, Louise Doyon-Richard
Relaxation sensorielle, Pierre Gravel
S'aider soi-même, Lucien Auger
Savoir organiser: savoir décider, Gérald Lefebvre
Se comprendre soi-même, Collaboration
Se connaître soi-même, Gérard Artaud
La séparation du couple, Dr Robert S. Weiss

Le développement psychomoteur du bébé, Didier Calvet
Développez votre personnalité, vous réussirez, Sylvain Brind'Amour
Les douze premiers mois de mon enfant, Frank Caplan
Dynamique des groupes, J.-M. Aubry, Y. Saint-Arnaud
Être soi-même, Dorothy Corkille Briggs
Le facteur chance, Max Gunther
La femme après 30 ans, Nicole Germain

Vaincre ses peurs, Lucien Auger
La volonté, l'attention, la mémoire, Robert Tocquet
Vos mains, miroir de la personnalité, Pascale Maby
Vouloir c'est pouvoir, Raymond Hull
Yoga, corps et pensée, Bruno Leclercq
Le yoga des sphères, Bruno Leclercq
Le yoga, santé totale, Guy Lescouflair

SEXOLOGIE

L'adolescent veut savoir, Dr Lionel Gendron
L'adolescente veut savoir, Dr Lionel Gendron
L'amour après 50 ans, Dr Lionel Gendron
La contraception, Dr Lionel Gendron
Les déviations sexuelles, Dr Yvan Léger
La femme enceinte et la sexualité, Elisabeth Bing, Libby Colman
La femme et le sexe, Dr Lionel Gendron
Helga, Eric F. Bender
L'homme et l'art érotique, Dr Lionel Gendron
Les maladies transmises par relations sexuelles, Dr Lionel Gendron

La mariée veut savoir, Dr Lionel Gendron
La ménopause, Dr Lionel Gendron
La merveilleuse histoire de la naissance, Dr Lionel Gendron
Qu'est-ce qu'un homme?, Dr Lionel Gendron
Qu'est-ce qu'une femme?, Dr Lionel Gendron
Quel est votre quotient psycho-sexuel?, Dr Lionel Gendron
La sexualité, Dr Lionel Gendron
La sexualité du jeune adolescent, Dr Lionel Gendron
Le sexe au féminin, Carmen Kerr
Yoga sexe, S. Piuze et Dr L. Gendron

SPORTS

L'ABC du hockey, Howie Meeker
Aïkido — au-delà de l'agressivité, M. N.D. Villadorata et P. Grisard
Les armes de chasse, Charles Petit-Martinon
La bicyclette, Jeffrey Blish
Les Canadiens, nos glorieux champions, D. Brodeur et Y. Pedneault
Canoé-kayak, Wolf Ruck
Carte et boussole, Bjorn Kjellstrom
Comment se sortir du trou au golf, L. Brien et J. Barrette
Le conditionnement physique, Chevalier, Laferrière et Bergeron
Devant le filet, Jacques Plante
En forme après 50 ans, Trude Sekely

Nadia, Denis Brodeur et Benoît Aubin
La natation de compétition, Régent LaCoursière
La navigation de plaisance au Québec, R. Desjardins et A. Ledoux
Mes observations sur les insectes, Paul Provencher
Mes observations sur les mammifères, Paul Provencher
Mes observations sur les oiseaux, Paul Provencher
Mes observations sur les poissons, Paul Provencher
La pêche à la mouche, Serge Marleau
La pêche au Québec, Michel Chamberland

Imprimé au Canada
Printed in Canada